Heribert Illig / Franz Löhner:

Der Bau der Cheopspyramide

Seilrollen
an der Pyramidenflanke:
Wie die Pharaonen wirklich bauten

Heribert Illig · Franz Löhner

Der Bau der Cheopspyramide

Seilrollen
an der Pyramidenflanke:
Wie die Pharaonen wirklich bauten

Mantis Verlag

Zum Umschlagbild, Abb. 1: Collage von Hanjo Schmidt
Zur Titelseite, Abb. 2: Der hieroglyphische Pyramidenname 'Horizont des Cheops'

Illig, Heribert / Löhner, Franz
Der Bau der Cheopspyramide.
Seilrollen an der Pyramidenflanke. Wie die Pharaonen wirklich bauten

ISBN: 3-928852-05-1

C Mantis Verlag Dr. Heribert Illig, Gräfelfing 1993
Lay-out: Hanjo Schmidt, 70182 Stuttgart, Esslinger Str. 22
Druckerei: Difo-Druck GmbH, 96052 Bamberg, Laubanger 15
Verlagsauskünfte: Mantis Verlag, D-82166 Gräfelfing, Lenbachstr. 2a

Inhalt

Prolog: Nacht über Giza

Der Wecker schrillt zur gräßlichsten Nachtstunde, kurz vor vier Uhr. Anziehen im Stockdunkel für eine nachtkalte Wüste. Frühstück entfällt, aber vier Taxis, von der Rezeption angefordert, stehen bereit. Schlaftrunken krauchen fünfzehn Touristen hinein, um allzubald wach zu werden. Die Fahrer tragen quer durchs nächtliche Kairo ein atemberaubendes Wettrennen aus. Alle fünfzehn Fahrgäste gewinnen, denn alle überleben.

Die Cheopspyramide ist im Dunkel als noch dunkleres Gebirge zu ahnen. Wir marschieren zur Nordostecke, über die der Aufstieg möglich ist. Weit und breit kein Dragoman, der an unserem verbotenen Aufstieg verdienen will. Schließlich tritt doch einer aus dem Dunkel, um alsbald mit einem zweiten eine intensive Debatte zu eröffnen. Wir warten. Während der Disput auf Touren kommt, interessiert mich die Aufstiegsroute. Die Nordostecke bricht senkrecht ab und verweigert sich dem Bustouristen. Während die Ägypter unentwegt weiter palavern, findet sich ein gutes Stück weiter ein gangbarer Einstieg. Auf schrägem Band mit schmalen Tritten durchsteige ich die ersten, fast senkrechten Schichten und erreiche den eigentlichen Grat, der ja weit sanfter ansteigt als die Flanken und auf dem keine weiteren Schwierigkeiten zu erwarten sind.

Als ich wieder herabsteige, ist das Palaver in seine Hauptphase unbekannter Länge getreten. Uns bleibt der eigentliche Streitpunkt im Dunkeln. Dagegen hellt sich der Horizont auf, und wir wollen doch den Sonnenaufgang auf der Pyramidenspitze erleben. Kurzentschlossen ziehe ich die Gruppe zum Fuß der Pyramide und erläutere ihnen, daß der Aufstieg auch ohne Führer gefahrlos möglich ist, solange alles dicht am Grat bleibt.

Wir steigen in die Wand ein. Dieser Ausdruck drückt präzise aus, was ich empfinde: Steigen in einer riesigen Felswand, irgendwo oben der Gipfel. Nach zwanzig Metern am Grat ist alles Pyramide: riesig, unfaßbar. Der Blick in die Nordwand: fast 200 Meter weit nichts als Felsgestein, von Geröll übersät. Der Blick in die Ostwand: genausoweit Fels, Fels, Fels. Der Blick zur unsichtbaren Spitze: noch einmal fast 200 Meter Fels. Wie gewachsener Fels von bedrängender Steile. Über 50° geneigt - auf Skipisten mit solchem Gefälle sucht die Service-Mannschaft mit Steigeisen Halt. Diesen Berg sollen Menschen errichtet haben? Unglaublich, völlig unglaub-

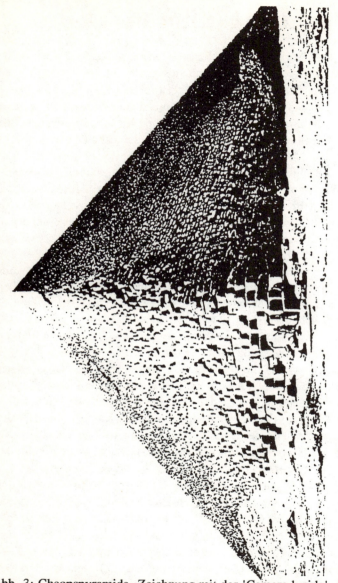

Abb. 3: Cheopspyramide. Zeichnung mit der 'Camera lucida', 1827
von Edward William Lane [Ceram 1957, 121]

lich. Wer die Gizapyramiden von der Weite aus sieht, selbst noch von ihrem Plateau aus, nimmt sie kaum in ihrer Körperlichkeit wahr, sieht nur abstrakte Dreiecke. Aber hier in der Wand wird das gigantische, wahnsinnige Volumen körperlich erfahrbar.

Wir klettern höher. Die anfangs überhohen Steinschichten reduzieren sich langsam auf menschliches Maß, immer weniger Trittsteine müssen von Schicht zu Schicht vermitteln. Der Kalkstein ist hier draußen am Grat frei von Kies und Geröll, gut begehbar, das gemeinsame Werk von Wind und Touristenfüßen. Direkt in der Wand wäre es dagegen absolut lebensgefährlich. Wer dort im überall herumliegenden Schutt ausgleitet, stürzt unaufhaltsam in die Tiefe.

Noch ein paar Meter bis zum Gipfel. Anstelle einer unbesteigbaren Spitze erwartet uns eine rund 100 qm große Plattform, gemäß üblicher Zählung die 200. Steinlage samt überraschend hohen Resten der 201. Die Dämmerung ist auf dem Rückzug; die Sonne kündigt sich an, ist aber noch nicht sichtbar.

Ihr Aufgang selbst mißrät zu einem unbedeutenden Schauspiel. Es gibt kein jähes Feuerzeichen wie am Sinai. Dort, auf dem Mosesberg, blitzt die Sonne am Horizont auf, um dann mit endlosen Lichtfingern ein ganzes Gebirge, eine steinerne Welt vor Schaffung des Lebens rotgold aufstrahlen zu lassen. Hier in Giza quält sich die Sonne, den Staub und Dunst über einem Moloch von Stadt zu durchdringen. Als richtige Scheibe präsentiert sie sich erst weit überm Horizont. Schöner ist es, wie sie das in die Wüste übergehende Plateau von Giza belebt. Im stetig heller werdenden Licht bilden sich drei riesige Dreiecksschatten aus, die sich in Hunderten von Metern Entfernung verlieren, doch rasch kleiner werden und immer schärfere Kontur gewinnen. Der Blick hinunter ist seltsam unwirklich, denn das Riesenbauwerk ist von hier oben in keiner Weise erfaßbar. Seine Höhe läßt sich ausschließlich aus der Winzigkeit der unten herumwimmelnden Menschen erschließen.

Das Plateau zu unseren Füßen belebt sich, außerdem klimmt ein Ägypter raschen Schritts zu uns herauf. Schnaufend angelangt beginnt er erregt zu deklamieren. Seinen Handbewegungen entnehmen wir, daß er sein Bakschisch als zuständiger Führer haben will. Nachdem er uns weder ge-

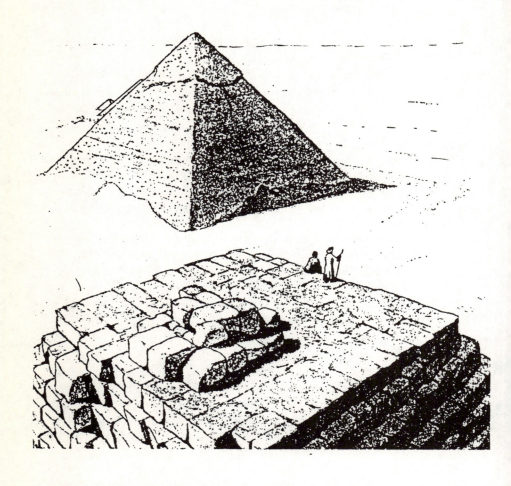

Abb. 4: Spitze der Cheopspyramide und Blick zur Chephrenpyramide.
Zeichnung mit der 'Camera lucida', 1827 von Edward William Lane
[Ceram 1957, 119]

führt hat noch die Pyramide gepachtet haben dürfte, schimpfen wir zurück und verweigern den Obolus. Ärgerlich hüpft er schließlich hinunter; dort rottet sich eine Gruppe um ihn zusammen, ein bewaffneter Kamelreiter stößt hinzu. Nun wird uns doch mulmig, schließlich ist das Besteigen der Pyramide im Prinzip verboten, und wir auf unserem ebenso extravaganten wie exponierten Hochsitz können in der prallen Sonne nicht unbemerkt absteigen.

Aber irgendwann muß es sein; binnen zehn Minuten sind wir unten und stellen uns auf ein Wortgeprassle und ein vervielfachtes Bakschisch ein. Doch als wir über die letzten Felsen turnen, bemerken wir, daß vor großem Publikum noch immer jene zwei disputieren, die schon vor unserem Aufstieg gestritten hatten. Offenbar gibt es da erhebliche Revierstreitigkeiten. Wir denken nicht daran, sie zu stören; statt dessen suchen wir Taxis, um wieder brave Touristen zu werden und Anschluß an unsere Reisegruppe zu finden.

Was bleibt, ist das Staunen. Wie konnte ein solches Gebirge unverrückbar aufgeschichtet werden? 2,6 Millionen Kubikmeter Steine, das Mauerwerk von 260.000 Einfamilienhäusern. Wären auch noch Tal- und Totentempel samt Aufweg erhalten, hätten wir Gestein für die Ansiedlung von rund einer Million Einwohnern samt öffentlicher Gebäude vor uns.

Wir zwei Autoren halten nichts von fliegenden Teppichen oder esoterischen Kräften, mit denen die Steine dort hinaufgedacht, nicht -gebracht worden wären. Wir stellen die schlichte und nüchterne Frage nach dem einfachsten "Wie".

Franz Löhner, Penzberg · Essen, fand als Praktiker des Bauwesens von der Frage der Granitbearbeitung, die hier erneut anzusprechen sein wird, zum Pyramidenbau und entdeckte die bislang einfachste Lösung für die so rätselhaft wirkenden Transportleistungen, wenn wir - wie im weiteren Text geschehen - alle Lösungen daran messen, ob sie praktikabel sind und der ägyptischen Pyramidenzeit entsprechen. Daraufhin formte Dr. Heribert Illig, Gräfelfing, der sich bei seinen ägyptologischen Studien lange über die vielen unzureichenden Bauvorschläge gewundert hatte, Löhners Grundidee zu einem kompletten Baustellenszenario, brachte es in die seit 100 Jahren andauernde Diskussion unter Ägyptologen und Außenseitern ein und gab ihm Buchform. Es zeigte sich, daß gerade in den allerletzten Jahren neue Ideen hinzugetreten sind - stellvertretend seien nur die Namen Abitz und Pitlik genannt -, die eine kritische Würdigung verdienten.

Der bisherige Wissensstand zeichnet sich durch Dürftigkeit aus, denn selbst Wichtigstes wird bislang kaum verstanden. So weiß das *Lexikon der Ägyptologie* unter der Rubrik 'Pyramidenbau' [Arnold 1984] wenig und vor allem wenig Erhellendes zu berichten; dasselbe gilt für andere Publikationen, etwa für den Kulturatlas von Baines und Málek [1980 138]. R. Stadelmann hat den Stand ägyptologischer Kenntnisse korrekt umrissen, indem er einräumt:

"So wenig wir über die Methoden des Bauens Bescheid wissen"
[Stadelmann 1985, 224],

um dann primär und mit vollem Recht Können und Organisationstalent der ägyptischen Baumeister hervorzuheben. Insofern schien es uns geboten, diesen unbefriedigenden Zustand nicht nur mit wachen Augen zu würdigen, sondern auch zu verbessern.

Unser Dank gilt vor allem Dr. Hans-Ulrich Niemitz, Berlin, Hanjo Schmidt, Stuttgart, und Dr. Renate Schukies, Hamburg, die uns mit Rat und Informationen zur Seite standen.

Das Bauprojekt des Cheops

Pyramiden sind am Nil mehr als genug errichtet worden. In Ägypten werden 96 [Kastner 1993] in über 40 Bezirken [Baines/Málek 140f] gezählt, in Nubien stehen weit über 100; ihre Gesamtzahl dürfte samt Privatpyramiden vierstellig sein. Die weitaus meisten sind bautechnisch unproblematisch. Schließlich besitzen weder die nubischen Pyramiden bedeutendes Steinvolumen noch all jene Satellitenpyramiden, die sich wie Küken um ihre Zentralbauten scharen. Bei diesen weitestgehend massiven Bauten ist das Volumen ein Hauptkriterium für die Bestimmung der erbrachten Leistung und des handwerklichen wie planerischen Könnens.

Für die größten und bestgebauten Pyramiden stehen maßgeblich drei Herrscher: Allen voran **Snofru** als jener Pharao, unter dessen Namen drei riesige Pyramidenkomplexe registriert sind. Die Kenner haben über 3,6 Millionen verbaute Kubikmeter für seine Regierungszeit errechnet [Stadelmann 1985, 105]. Er hätte damit - ein Vergleich mit unserer superlativistischen Gegenwart - die weltberühmte Montagehalle der amerikanischen Raumfahrt, das *Vertical Assembly Building* in Cape Canaveral restlos mit Steinen aus- und zugemauert.

Die Pyramide des **Cheops** ist - mit 'nur' 2,6 Mio m^3 [ebd] - das allergrößte Einzelprojekt, von dem wir aus dem Altertum wissen. **Chephren**s Bau präsentiert sich nach wie vor als absolut höchster von Giza, hat aber das Pech, trotzdem von Cheops' Pyramide in den Schatten gestellt zu werden. Dank einer um 10,11 m höheren Plateau-Position [Schüssler 217] überragte die Chephrenpyramide im Altertum den Schwesterbau um 7 m; der heutige Vergleich zwischen beiden Ruinen fällt mit rund 15 Metern Höhendifferenz noch deutlicher zugunsten von Chephren aus.

Gizas dritte Pyramide, jene des **Mykerinos**, kann vom Bauvolumen her keinen Vergleich mit ihren Vorgängerinnen aushalten, umfaßt sie doch volumensmäßig lediglich 10 % der Cheopspyramide. Dafür liegt bei ihr der Anteil an Hartgestein viel höher. Die sogenannte vierte Pyramide von Giza galt lange als Rest einer Stufenpyramide. Inzwischen ist sie als Mastaba der **Chentkaus** aus derselben 4. Dynastie erkannt und läuft wegen ihrer ganz anderen, flachen Gestalt gewissermaßen außer Konkurrenz.

Nachdem gerade das größte Einzelprojekt die schwierigsten Probleme aufwirft, konzentrieren wir uns im weiteren ganz auf die Cheopspyramide.

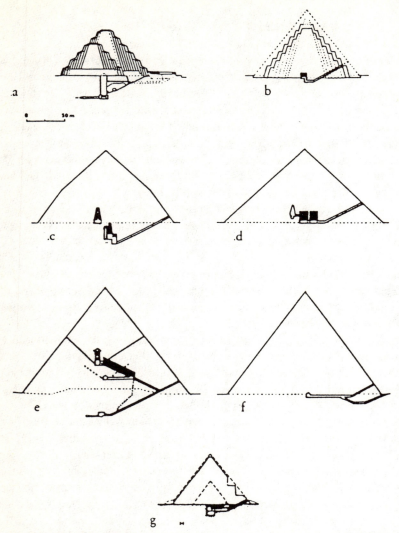

Abb. 5: Markante Pyramiden: a) Djosers Stufenpyr., Saqqara b) Snofrus
Pyr. in Meidum, früher dem Huni zugeschr. c) Snofrus zweite, die sogen.
Knickpyr., Dahschur d) Snofrus dritte, 'rote' Pyr., Dahschur e) Cheops-
pyr., Giza f) Chephrenpyr., Giza g) Mykerinospyr., Giza [nach Mendelssohn
38, von Illig auf denselben Maßstab gebracht]

14

Erwähnt sei, daß unser Wort 'Pyramide' kein ägyptisches ist. Die respektlosen Griechen haben offenbar die urgewaltigen Pyramiden mit Backwerk, mit einem Honigkuchen verglichen, der bei ihnen 'pyramús' hieß [Helck 2169], wie sie ja auch die ägyptischen 'techen' als 'Obelisken' bezeichneten, das heißt als 'Bratspießchen' [Michalowski 144]. Die Ägypter selbst verfügten offenbar über kein spezielles Wort. Um 'Pyramide' zu schreiben, setzten sie das Bild einer steilen Pyramide als Determinativ an den Anfang. Seine Aussprache 'm[e]r' geht aus den gelegentlich angefügten, gleichklingenden Piktogrammen Eule und Mund, also 'm' und 'r' hervor. Doch dieses Determinativ bedeutet im Grunde nur Bauwerk im allgemeinen. Es mußte noch der Name der Pyramide und ihres Erbauers folgen, damit alle Bezüge für den Leser hergestellt waren. Im Falle von Cheops ergab das 'Achet Chufu', übersetzt 'Horizont des Cheops' oder 'Horizontisch ist Cheops'.

Selbstverständlich wird weiterhin versucht, Bezüge zwischen dem griechischem Wort und einem ägyptischen Urwort aufzustöbern. So stieß André Pochan auf den Begriff 'pr m m[w]t' und übersetzte dieses 'per em mut' mit 'Wohnung des Sarkophags', während Jacques Gossart sich für 'Haus im Tod' entschied [Gossart 5]. Wir bringen eine weitere, aber keineswegs letzte ägyptologische Interpretation:

"Es ist nicht ganz ausgeschlossen, daß dem griechischen Wort 'pyramis' das ägyptische *per-emuas* zugrunde liegt, das die Höhen der Pyramiden bezeichnete" [Michalowski 139].

Abb. 6: Die Hieroglyphen für 'mr' = Pyramide und für den Namen von Cheops' Pyramide

15

Maße der Cheopspyramide

in Metern (m), Königsellen (KE = 0,525 oder 0,524 m) oder ägyptischen Fuß (ÄF = 0,30 m)

Höhe, einst: 146,59 m ≈ 280 KE [Helck 2198]

heute: 138,75 m [Stadelmann 1985, 108]

Apothem: 184,80 m ≈ 352 KE ≈ 616 ÄF (Höhe einer Seitenfläche; Tompkins 221]

Gratlänge: 217,88 m ≈ 415 KE (rechnerische Werte)

Seitenlänge: 230,83 m ≈ 440 KE ≈ 770 ÄF (rechn. Wert, Tompkins 221). Die vierfache Realität liegt etwas unter 439 KE: Nordseite 230,253 m, Osts. 230,394 m, Süds. 230,454 m, Wests. 230,361 m [Helck 2198];

Fläche: 5,5 ha (55.000 m²) [Riedl o.J., 142]

Winkel der Seitenflächen: 51° 50' 40'', ergibt sich aus einem Rücksprung von 5½ Handbreit auf 1 Elle [Stadelmann 1985, 108] oder 51° 50' 35'' [Lauer 328; Differenz unter Meßgenauigkeit]

Steinlagen: 201 erhalten; insgesamt wohl 210 [Stadelmann 1985, 109]

Steine, durchschnittl. Größe: 127 x 127 x 71 cm [Tompkins 245] durchschnittl. Gewicht: 2,5 t Höhen: 49,5 bis 150 cm [Goyon 236ff]

Kernsteine: Anzahl: 2.300.000 [Riedl o.J., 142] Volumen: 2.203.075 m³ [Abitz 61]

Verkleidungssteine: Anzahl: 200.000 [Riedl o.J., 142] oder 115.000 [Tompkins 249] Volumen: 123.426 m³ [Abitz 61]

Gesamtgewicht: 6.500.000 t

Steinvolumen: 2.326.501 m³ [Abitz 61] zuzüglich 100.000 m³ für Nebenanlagen, drei Königinnenpyramiden, eine Nebenpyramide (von der sich nur der Schacht erhalten hat), Mastabas, Aufweg und Tempel [Stadelmann 1990, 259; dort höhere m³-Zahlen], eine Satellitenpyramide [Kastner 1993]

Bauzeit: 30 Jahre nach Herodot, der von 10 Jahren Vorbereitung und 20 Jahren reiner Bauzeit spricht

Bauleistung: In diesen 20 Jahren reiner Bauzeit wäre 'im Prinzip' minütlich ½ bis 1 ganzer Steinblock verbaut worden.

Bauausschreibung

Der Architekt dieses Baus stand nicht nur vor einer Pyramide, sondern vor einem ganzen Berg von Problemen, die alle in möglichst kurzer Zeit und mit verfügbaren Mitteln gelöst werden sollten. Was gehörte alles dazu? Die Gesamtanlage des Cheops umfaßt neben der Hauptpyramide fünf kleinere Pyramiden (die letzte 1993 gefunden [Kastner 1993], dazu den an die Pyramide angebauten Totentempel und den am Nilkanal postierten Taltempel, beide verbunden durch einen reliefverkleideten, überdachten und ca. 825 m langen Aufweg. Das gesamte Felsareal der großen Pyramide ist zu glätten und mit einer Mauer zu umgeben; ringsum sind Gräber und Schiffsbestattungen vorzubereiten.

Das verlangt als Arbeitsprogramm:
- die Anlage eines Bauhofs bzw. einer Bauhütte mit Magazinen, Reparaturwerkstätten, Lagerplätzen für Steine, Holz und Seile, Werkküchen, Wasserreservoirs;
- den Bau eines Hafens, um Material anlanden zu können;
- den Bau des Transportwegs, auf dem dieses Material vom Hafen zum Pyramidenbauplatz gebracht werden konnte;
- den Bau der Arbeiterstadt mit Unterkünften für alle Arbeiter;
- den Bau der Pyramidenstadt mit dem königlichen Wohnpalast und den Häusern für Architekten, Vorarbeiter und Verwaltungsbeamte;
- den Abbau von Steinquadern in nahegelegenen Steinbrüchen, Transport dieser Steine zum Pyramidenbauplatz;
- den Abbau der Verkleidungssteine aus Tura-Kalk vom Mokattam-Gebirge jenseits des Nils und ihr Antransport per Schiff;
- den Abbau der großen Granitblöcke bei Assuan und ihr Transport 800 km flußab (mit welchem Material dieser Granit überhaupt bearbeitet werden konnte, wird ebenfalls Thema sein);
- das Herbeischaffen von Holz aus dem ganzen Land; hochwertige Zedernstämme wie die in einer Snofrupyramide aufgefundenen kamen aus dem Libanon;
- den Bau der Pyramide: überaus genaues Nivellieren des gesamten Areals; insbesondere Heben der Steinquadern von im Schnitt 2,5 t bis auf fast 150 m Höhe; Heben 40 t schwerer Bauteile (Granitriegel über der 'Königs-

kammer') bis auf 70 m; Bau der Innen- wie der unterirdischen Räume;
- den Bau des repräsentativen Aufwegs und der durch ihn verbundenen
Tempel am Nilkanal und an der Pyramide; Bau der Nebengebäude,
Nebengräber und Schiffsbestattungen [vgl. Stadelmann 1990, 251].

Für diese Steinmetz- und Transportarbeiten brauchte man Steinbruchsarbeiter, Maurer, Schiffer und - nach bisherigem Stand der Forschung wie nach unserer Meinung - leistungsfähige Zugmannschaften. Hinzu traten praktisch alle anderen Handwerksberufe damaliger Zeit: Schmiede fürs Werkzeug, Seiler für Taue aller Art, Zimmerleute, Werftarbeiter und Matrosen, Kantinenmannschaften samt Küchenchefs, Fouriere für Bekleidung und Schuhwerk, Vermessungsspezialisten, Bauleiter, Polizisten, Astronomen, Traumdeuter etc etc.

Die Bauüberlieferung

Mit zwei Worten ist umrissen, was uns die alten Ägypter davon mitgeteilt haben: praktisch nichts! Obwohl das Volk am Nil fast alles dargestellt hat - auf Fresken, Reliefs oder mittels Tonmodellen -, gibt es keine Abbildung einer Pyramide aus dem Alten, Mittleren oder Neuen Reich in Ägypten, keine Darstellung der dortigen Großbaustelle, kein zeitgenössisches Bild der notwendigen Transporte. Selbst ihre erste Erwähnung fällt in sehr viel spätere Zeit: Die fragliche Stele gehört wohl in die 18. Dynastie [Fix 53f] und damit zu einer rund 1.000 Jahre späteren Epoche (zur Chronologie siehe letztes Kapitel). Was wir überhaupt an Bildern kennen, entstammt anderen Zeiten und schildert fast immer andere Zwecke: Transport von Statuen aus der 5. und aus der 18. Dynastie, von Obelisken und Säulen aus der 18. Dynastie. Dagegen fehlt gerade das 'Normale': Die endlose Kette jener 2,5 Mio. Bausteinen, die sukzessive zur und auf die Pyramide zu bringen waren. Die einzige Ausnahme findet sich in den Steinbrüchen von Tura, stammt aber wiederum aus der viel späteren 18. Dynastie.
Der erste Bericht über die Kolosse am Wüstenrand wird erst 21 Jahrhunderte später geschrieben, im -5. Jh. Der Ägyptenreisende Herodot berichtet in seinem zweiten Buch auch über die drei Pyramiden von Giza, die spätere Griechen zu den sieben Weltwundern zählten. Sein Bericht, auf

den die heute noch gängigen, gräzisierten Namen - Cheops, Chephren, Mykerinos - zurückgehen, ist seit langer Zeit Zankapfel für alle retrospektiven Architekten der Cheopspyramide. Denn Herodot verbindet offensichtlich Falsches mit allzu Speziellem, das ihm Äonen nach dem Bau nicht mehr zugänglich gewesen sein sollte.

So erzählt der "Vater der Geschichtsschreibung", daß Cheops alle für sich arbeiten ließ, indem er jedes Vierteljahr 100.000 Zwangsarbeiter einsetzte (Zahl und Zwangsarbeit falsch). Steinblöcke wurden jenseits des Nils gebrochen (richtig). Der Aufweg mit seinen 10 Jahren Bauzeit scheint ihm ein "fast ebenso gewaltiges" Bauwerk zu sein wie die Pyramide selbst (allenfalls optisch richtig). Lange, doch vergeblich gesucht wurde die als Insel gestaltete Grabkammer im Fels unter der Pyramide. Die Bauzeit für die Pyramide betrug 20 Jahre (realistisch?), während für Herodot Cheops 50 Jahre regierte (nach herrschender Meinung viel kürzer; s.u.). Jede Dreiecksseite ist 8 Plethren breit und ebenso hoch (ins Richtige umrechenbar; Heinsohn/Illig 100). Ihre Verkleidung besteht aus präzis ausgeführten Steinen (richtig), die mindestens 30 Fuß lang sind (falsch), und auf der ausgerechnet die Verpflegung der Arbeiter verzeichnet war (sehr fraglich). Daß er von eisernen Werkzeugen spricht, ist Herodot gründlich verübelt worden, während die Verfasser dies für richtig erachten. Der körperliche Einsatz seiner Tochter in einem Bordell zugunsten der königlichen Baukasse gilt als Verleumdung Cheops'.

Am umstrittensten waren und sind Herodots Maschinen. Ihmzufolge, der nun einmal erst 2.000 Jahre später vorbeigekommen sein soll, wurden die Verkleidungssteine mit "kurzen Holzgerüsten" von Stufe zu Stufe "hinaufgewunden", um dann von oben nach unten verbaut zu werden [Herodot II 124-127 in der Übersetzung von A. Horneffer]. Bei Heinrich Steins Übersetzung werden sämtliche Blöcke mit "gewissen Hebewerken" befördert, die entweder auf jeder Stufe bereitstanden oder mit dem Stein nach oben befördert wurden. Nicht vergessen werden sollte, daß Herodot nur noch zwei weitere Pyramiden - im Moeri-See des Faijums - schildert [Herodot II, 101, 148], den oder die Sphinx nicht erwähnt und das ägyptische Labyrinth für noch gewaltiger als die Gizapyramiden einschätzt [Herodot II, 148f]. Ergänzende Details bringt sein Bericht über die Nilschiffe der damaligen Zeit. Aus Dornstrauchholz (Akazie) geplankt und mit Papyrus abgedichtet,

Ägyptische Chronologie

	-5100 bis -3100		Vordynastische Zeit
0. Dynastie	-3100 bis -2950		(Prädynastisch)
1. Dynastie	-2950 bis -2770		Frühdynastisch
		Menes	
2. Dynastie	-2770 bis -2640		
3. Dynastie	-2640 bis -2575		Altes Reich
		Djoser	
4. Dynastie	**-2575 bis -2465**		Altes Reich
	-2575 bis -2551	Snofru	
	-2551 bis -2528	Cheops	
	-2520 bis -2494	Chephren	
	-2490 bis -2471	Mykerinos	
5. Dynastie	-2465 bis -2325		Altes Reich
6. Dynastie	-2325 bis -2155		Altes Reich
7.-11. Dyn.	-2155 bis -2037		Erste Zwischenzeit
11.-12. Dyn.	-2037 bis -1785		Mittleres Reich
13.-18. Dyn.	-1785 bis -1540		Zweite Zwischenzeit
18.-20. Dyn.	-1540 bis -1075		Neues Reich
21.-25. Dyn.	-1075 bis -664		Dritte Zwischenzeit
26.-31. Dyn.	-664 bis -332		Spätzeit
	-332 bis -305		Makedonen
	-305 bis -30		Ptolemäer

[Extrakt aus Heinsohn/Illig 32-35]

konnten die größten Schiffe "viele Tausend Talente" tragen, eine Menge, die bei 26,2 kg für das attische Talent 26 und mehr Tonnen ausmacht [Herodot II 96]. Auf Herodots Spuren waren es im wesentlichen Strabo, Diodor und Plinius d.Ä., die sich zu den Pyramiden geäußert haben, also Autoren des -1. und +1. Jhs.

Prämissen für eine realistische Baustelle

Im Rahmen unserer Untersuchung können nicht sämtliche beim Pyramidenbau auftretenden Probleme erschöpfend behandelt werden. Aber es will hervorgehoben werden, wie sich das Problembewußtsein gewandelt hat. 1881 gab es erst ein bescheidenes:

"Technisch gesprochen ist eine Pyramide *allein* keine besonders schwierige Arbeit. Es werden sehr viele Steine in Lagen übereinander plaziert, die jedesmal etwas kleiner sind als ihre Vorgängerin und die in Stufen aufsteigen bis zum letzten, krönenden Stein an der Spitze. Dann werden von oben nach unten die Seiten geglättet; ob dafür die Ecken abgeschlagen oder die Stufenwinkel aufgefüllt werden, beides verlangt wenig konstruktives und kein besonders bemerkenswertes Ingenieurskönnen. Wenn die Steine massiv sind, wird selbstverständlich ein gewisses Maß an ingenieursmäßigen Fertigkeiten gebraucht, um sie zu brechen, zu transportieren und auf ihren Platz zu heben" [Rawlinson 206].

Heute wird der großen Pyramide mit viel größerer Kennerschaft begegnet. Man hat begriffen, daß auch ein scheinbar simpler Steinhaufen vor dem 'Zerfließen' geschützt werden muß, indem beispielsweise zu den Ecken und Außenseiten hin die Steinlagen schräg gestellt und weitere Vorkehrungen getroffen werden; man glaubt, durch Messungen französischer Forscher seltsame Sandeinlagerungen aufgespürt zu haben, die bis zu 15 % des Gesamtvolumens ausmachen [Kérisel 67] und nach japanischer Meinung der Erdbebensicherung gedient haben könnten, man überlegt, dank welcher Meßmethoden die Maße so unerhört präzise eingehalten werden konnten,

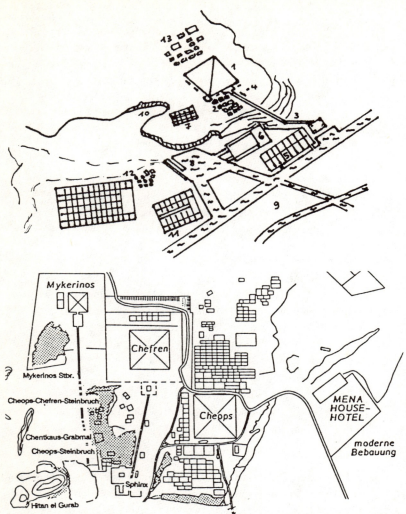

Abb. 7: Giza zur Zeit Cheops' 1) Pyramide 2) Drei Königinnenpyr., Adelsfriedhof
3) Aufweg zw. Tal- u. Totentempel 4) Marken im Fels für eine Pyr. 5) Priesterstadt
6) Königspalast 7) Werkstätten 8) Hafen 9) Königsgut 10) Steinbruch 11) Künstler-
stadt 12) Arbeiterstadt u. -gräber 13) Beamtenfriedhof [Illig nach Hawass; Kastner]
Abb. 8: Gepunktet die wichtigsten Steinbrüche auf dem Giza-Plateau. Abbaugebiet
war auch die Fläche direkt um die Pyramiden [Klemm/Klemm 54]

22

man erkennt die Zweckmäßigkeit raffinierter Steinverzahnungen [etwa Fix 117, 239 oder 247] und so fort. Auf jeden Fall sind die japanischen Technokraten, die 1978 zu Studienzwecken 'schnell mal' eine 12 m niedrige Pyramide neben die großen aufs Plateau von Giza setzen wollten, kläglich an dieser vergleichsweise minimalen Aufgabe gescheitert.

Uns geht es nicht um möglichst phantasievolle Modelle, sondern um ebenso effiziente wie zeitgerechte Problemlösungen. Wir stellen deshalb fünf Forderungen an alle Vorschläge für den Pyramidenbau:

1) Eine möglichst einfache Lösung mittels möglichst einfacher Technik:
   Hierzu gehören wenig und leicht zu bearbeitende Materialien wie etwa Holz und relativ wenige, aber gut ausgebildete Arbeiter, sprich Handwerker als Spezialisten ihres Fachs. Mutmaßungen über "geheimnisvolle Verfahren" oder "wirksame und schnelle Kunstmittel", die man nicht nur bei v. Däniken findet, sondern auch in der orthodoxen Wissenschaft [Goyon 232f], führen nur in die Irre.

2) Technisch-handwerkliche Kontinuität:
   Nachdem unverständlich wäre, daß Ägypten ausgerechnet seine besten technologischen Lösungen vergessen und niemand anderer sie wiederentdeckt hätte, gehen wir davon aus, daß es damals wie heute für gleiche Probleme auch gleiche Lösungen gab und gibt.

3) Belegbarkeit in Bild und/oder Wort:
   Da uns aus dem alten Ägypten genügend sonstige Abbildungen und Bauten erhalten sind, muß die Problemlösung sich entweder direkt in den Quellen widerspiegeln oder aus ihnen erschlossen werden können.

4) Zeit- und kulturgemäße Technik:
   Gemäß dieser Forderung darf zum Beispiel kein bei den Griechen gefundenes Zahnrad auf einer Pyramidenbaustelle auftauchen. Gleichwohl sind den Erbauern der Weltwunder Hilfsmittel zuzugestehen.

5) Die unterstellte Technik/Methode muß tatsächlich eine Lösung sein: Es ist sehr leicht, ein Postulat aufzustellen, wenn seine Praxistauglichkeit nicht geprüft, sondern einfach unterstellt wird. Schönstes Beispiel ist die bis jüngst [Arnold 1991] vertretene Meinung, die Ägypter hätten Hartgestein unverdrossen mit Kupfersägen und -meißel bearbeitet (s.u.).

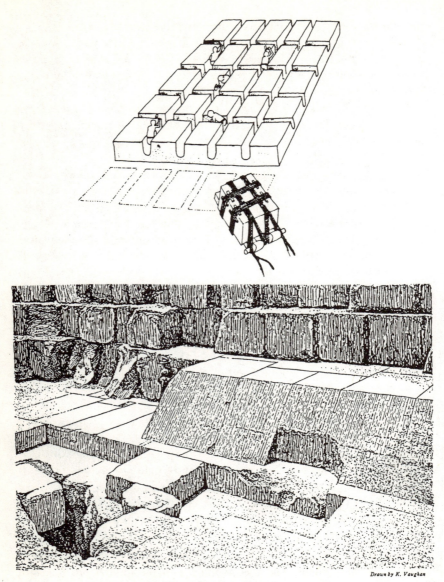

Abb. 9: Angeblicher Steinbruchabbau unter Chephren [Goyon 81]
Abb. 10: Verkleidungssteine, Nordseite der Cheopspyramide [Edgar/Edgar 52]

Baumaterial und Schiffstransport

Steinbrüche rings um die Pyramide

Mit diesen Prämissen vor unserem geistigen Auge wenden wir uns zunächst der Frage zu, von wo die Bausteine zur Cheopspyramide geschafft worden sind. Die wichtigsten Steinbrüche lagen südlich der Cheopspyramide, 300 bis 400 Meter entfernt; doch darf nicht übersehen werden, daß "jeweils das Plateau um die Pyramiden selbst als Steinliefergebiet angesehen werden" muß [Klemm/Klemm 54]. Mittlerweile besteht Einigkeit darüber, daß die Wahl auf den Pyramidenstandort Giza nicht zuletzt deshalb fiel, weil das notwendige Gestein in nächster Nähe bereitlag.

Von den Steinbrüchen waren die Steinblöcke auf verschiedenen Pisten bis zum Bauhof zu bringen, der auf der Südseite der Cheopspyramide angenommen wird. Mit der Erwähnung von Steinblöcken möchten wir zugleich klarstellen, daß wir überhaupt nichts von der These halten, die Blöcke seien wie eine Art Beton in Formen gegossen worden. Diese aberwitzige These von J. Davidovits [1986] ist durch C. Vandersleyen [1989] bereits hinreichend zurückgewiesen worden Was soll eine These, die alles nur verkompliziert, alle nummulitischen Einschlüsse negiert und sich doch wenigstens durch einen einzigen Handabdruck, beim Guß von einem Arbeiter im noch feuchten 'Beton' hinterlassen, bestätigen lassen sollte?

Der anstehende Nummulitenkalk, entweder graugelb und feinfossil oder grau und grobfossil [Klemm/Klemm 53], ist leicht zu brechen und zu bearbeiten, ehe er an der Luft in wenigen Jahren nachhärtet. Sein Abbau bedarf weder besonderer Kenntnissse noch spezieller Materialien. Das einzige Problem zeigt sich bei der seltsamen Art und Weise, in der er angeblich durchgeführt worden ist. Laut Georges Goyon hätten die Ägypter von oben ein Netz sich rechtwinklig kreuzender Gräben in die anstehende Schicht des Steinbruchs gehämmert. Weil die waagrecht liegenden Steinschichten durch schmale Erosionsschichten sauber voneinander getrennt werden, bräuchte man diese rund 50 cm breiten Gräben nur durch die gesamte Schicht hindurchzutreiben, um die einzelnen Steine separieren zu können [Goyon 81].

Dieses von Goyon geschilderten Verfahren, das sich von Spuren in einem Chephren-Steinbruch herleitet, wäre so unpraktisch wie nur möglich. Warum in aller Welt sollte man diese wertvollen Schichten derartig mühsam und vor allem unter Produktion von so viel Abraum in Bausteine verwandeln? Denn der Abfall hätte rund 40 % des gesamten Steinmaterials ausgemacht, oder - bei rund 2,2 Mio m³ - ebenso runde 0,9 Mio m³ oder 3,2 Mio. t an Gestein. Diese Unmengen an Kalkgestein sollten laut Goyon mit kleinen, primitiven Pickeln, die selbst aus Stein bestanden, kleingehackt worden sein [Goyon 81]. Man bräuchte allein eine Arbeitskolonne von ca. 600 Mann, nur um ständig diesen Schutt wegzuschaffen.

Doch es gibt keinen Grund, dieses angebliche, Material, Zeit und Arbeitskraft vergeudende Spiel autokratischer Bauherren immer weiter zu tradieren. Diesen seltsamen Steinbruch der Chephren-Zeit einmal unbenommen, der vielleicht ganz anderen Zwecken diente und heutigen Kennern kein Standardbeispiel für den Steinabbau im Alten Reich mehr ist [Klemm/ Klemm 1992], sollten wir doch davon ausgehen, daß die Ägypter Kalkstein so gebrochen haben, wie dies überall auf der Welt gemacht wurde und wird.

Dabei prüft der Steinbruchmeister, wie der Fels 'gewachsen' ist, und bezeichnet dann die Brechlinie an der Stirnseite des Steins. Entlang dieser waagrechten Linie wird durch Einschlagen von Keilen und mit Hilfe von Brechstangen ein Spalt geschaffen und maximal gespreizt. Im nächsten Arbeitsgang schlagen Arbeiter oben auf diesem Fels mit schweren Hämmern entlang einer weiteren Linie, bis eine Platte gewünschter Größe ausbricht. Wenn sie aus der Wand heruntergestürzt ist, wird sie hohlgelegt und mit gezielten Schlägen auf die gewünschte Größe gebracht.

In den Giza-Brüchen belegen Ankerlöcher, daß große Blöcke durch Abhebeln mit Balken abgelöst worden sind [Klemm/Klemm 56]. Ein eingespieltes Team von 6 Mann (dazu Aufseher und Hilfskraft) schafft so leicht 2 bis 3 Steine pro Stunde, ohne nennenswerten Abfall zu produzieren. Das sind 20 Steinblöcke pro Tag und Achter-Mannschaft, während Goyons bedauernswerter Grabenpickler 16 Tagwerke gebraucht hätte, um einen einzigen Stein von vier Seiten à 1 m freizugraben [Goyon 234]. Seine Produktion wird von unseren Steinbrucharbeitern ohne Mühe um das 40fache überboten.

Eine Faustregel für den Zeitplan

Es ist an der Zeit, hinreichende Einsicht in damalige Arbeitsmodalitäten zu gewinnen. Goyon setzte pro Jahr 365,25 Arbeitstage an, pro Arbeitstag 10 Arbeitsstunden oder 600 Minuten. Ein Arbeitsleben lang keinen einzigen Tag frei, niemals tagsüber Muße? Wir halten dies für völlig irreal, da Fellachen keine nimmermüden Ägyptologen waren, sondern oft und wohl auch gerne ihren Göttern huldigten. Wir setzen statt dessen 290 Arbeitstage pro Jahr an, gönnen also jeden fünften Tag den Göttern, nachdem 'Urlaub' ein unbekanntes Wort war. Den Arbeitstag definieren wir, da in Ägypten ein Tag ohnehin nur 12 helle Stunden hat, mit gut gemessenen 8 Stunden respektive 500 Minuten. So kommen bereits die alten Ägypter in den Genuß einer mittäglichen Siesta, die den herrschenden Temperaturen höchst angemessen ist; nur Touristen können am Nil auf sie verzichten. Insofern arbeiten unsere Fellachen fast exakt ein Drittel weniger als Goyons permanent aktive Arbeitsbienen (145.000 Minuten pro Jahr gegenüber 219.150).

Des weiteren gehen wir bei verschiedenen Berechnungen von einer Gesamtbauzeit von 20 Jahren aus, damit Cheops trotz längerer Planungsphase die realistische Chance hatte, die Vollendung seines ehrgeizigen Lebenswerks zu erleben. Somit stehen den 2.500.000 Steinblöcken der Pyramide 145.000 min · 20 = 2.900.000 Arbeitsminuten gegenüber, was uns zu der durch Aufrundung verschärften Faustregel bringt:

Jede Minute ein Steinblock.

Es wird zu prüfen sein, ob eine derart hohe Vorgabe eingehalten werden konnte. Ging dies tatsächlich, dann wäre die Pyramide rein rechnerisch, ohne Berücksichtigung der steten Abnahme des Bauvolumens, bereits binnen 17 Jahren und 3 Monaten fertig gewesen.

Wir unterstellen den alten Ägyptern weder 'workaholism' noch eine ganz spezifische Umständlichkeit im Steinbruch. Wenn wir bei der allgemein üblichen Methodik bleiben, die nicht allzu geheimnisvoll wirkt, dann können 25 Teams, also 25 · 8 = 200 Steinbrecher die täglich benötigten 500 Steine in rechtwinkligen Formaten aus der Wand gebrochen haben.

Um einen solchen Steinblock auf einen Transportschlitten zu verladen und zu vertäuen, waren ca. 6 Mann notwendig, also mit Aufseher und Wasserholer wiederum 8 Mann. Solch ein Team konnte in einer Stunde vier Steine hochhebeln, jeweils den Schlitten darunter bringen und die Fuhre vertäuen; in einem Tag ergab das 32 Steinblöcke. Für die täglich 500 Steine gemäß unserer Faustregel waren notwendig: 500 : 32 = 15,6 Teams, also aufgerundet 16 · 8 = 128 Mann, mit Oberaufseher und Schreiber 130 Mann. Weitere 80 Mann waren für Schanzarbeiten im Steinbruch notwendig, denn die Blöcke sollen aus der Wand nicht auf blanken Felsen, sondern in eine weiche Erd-Sand-Bettung stürzen. So errechnen sich aus

200 Steinbrechern
130 Aufladern
 80 Schanzarbeitern
-----
410 Mann in den Steinbrüchen von Giza. Diese und weitere von uns ermittelte Zahlen gehen in die Gesamtrechnung ein, die unsere bauspezifischen Ausführungen abschließt.

Der Tura-Stein für die Verkleidung

Cheops- wie Chephrenpyramide waren mit einem sehr hellen Kalkstein verkleidet, der in nilnahen Steinbrüchen bei der Ortschaft Tura gegenüber von Giza gewonnen wurde. Da man dort im Mokattam-Gebirge riesige unterirdische Hallen findet, nahm man lange an, daß zur Pyramidenzeit die Verkleidungssteine unterirdisch abgebaut wurden. Unterirdischer Abbau hätte durchaus Vorteile: Der Stein wird nicht durch Witterungseinflüsse verfärbt, er bleibt "bergfrisch", also weicher und ist deshalb leichter abbaubar. Auch entfällt die Abtragung des Deckmaterials, was wiederum Zeit und Menschen in erheblichem Umfange spart.

Dafür handelt man sich Nachteile anderer Art ein. Unterirdischer Abbau wird primär zu einer Frage der Beleuchtung. Kleine Öllämpchen reichten zum Erkennen der Steinstruktur und zum Steinebrechen keinesfalls aus. Auch heizte sich die ohnehin stickige Luft in diesen Räumen enorm auf, während das Gestein verrußt und verfärbt wurde. Solche Arbeitsbedingungen sind viel eher für römische Zeiten mit ihren Sklavenkolonnen typisch als für die ägyptischen Fellachen, die keineswegs als Sklaven behandelt worden sind. Und die Römer haben sich bei diesem Stein genauso bedient wie später die Araber. Insofern muß unterirdischem Abbau zur Pharaonenzeit mit erheblicher Skepsis begegnet werden. Daß die Araber gerade die Pharaonenbrüche stark zerstört haben sollen, macht Zuweisungen ins Alte Reich nicht leichter.

Die Ägypter haben sich gewissermaßen für den goldenen Mittelweg entschieden, für Galeriesteinbrüche. Bei ihnen wurden Fenster in die Außenwände gebrochen, um den Arbeitern Luft und Licht zu gönnen [Klemm/Klemm 61]. Goyon zeigt aber auch eine Tura-Steingewinnung im Tagebau [Goyon Foto 14]. Ob nun der Stein im Inneren des Gebirges, das in Wahrheit nur einen Hügelzug darstellt, bevorzugt worden ist oder das im Tagebau erreichbare: Auf alle Fälle stand ausreichend Material zur Verfügung, bildet doch die Verkleidung nur 5 % des Gesamtvolumens der Pyramide. Falls es der Vorstellungskraft weiterhilft: Das pyramidale Gesamtvolumen entspricht einem Würfel von 137,40 m Kantenlänge; dieser imaginierte Kubus wäre nur Dezimeter niedriger als der Bau in seinem heutigen Zustand. Die Verkleidung ergäbe lediglich oder immerhin einen Würfel mit rund 50 m Kantenlänge.

Für den Abbau in Tura gilt ganz ähnliches wie für den Abbau der Kernblöcke. Der Kalkstein liegt in waagrechten Schichten vor. Die dünnen Zwischenschichten werden durch Keile aufgespreizt und mit schweren Hämmern in großen Platten abgeschlagen. Diese können nach Hohllegen in Blöcke geeigneter Größe zerteilt werden. Dies alles mußte beim Verkleidungsstein natürlich viel behutsamer geschehen als beim innen verwendeten nummulitischen Stein. Jeder kleine Fehler, jeder Verdacht auf einen kleinen Riß führte gnadenlos zur Ausmusterung des Stücks. Auch war das behutsame und doch absolut exakte und maßgenaue Zurichten durch den Steinmetz bereits im Steinbruch zu berücksichtigen. So mußte der Steinbrechmeister unbedingt wissen, wo der Stein verwendet werden sollte. Ein Eckstein hatte viel strengeren Kriterien zu genügen als ein 'normaler Reihenstein'. Große Balken und Sonderformate, etwa für die große Galerie, wurden ohnehin durch die Bauleitung vorbestellt und dann nach Maß gebrochen.

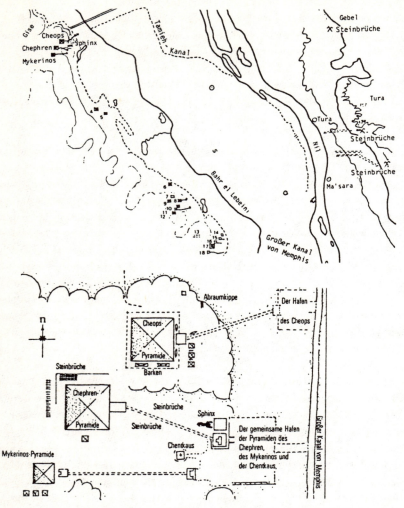

Abb. 11: Giza, Tura, Nil und Seitenkanäle; bei (4) das Gebiet Zawyet-el-Aryan, bei (8) Abusir, bei (17) Saqqara, das Pyramidengebiet von Memphis [Goyon 103]

Abb. 12: Lageplan von Giza [Goyon 22]. Cheops' Aufweg war schon damals ein Drittel zu kurz, nach heutigem Wissensstand läuft er im Tal, um 32° nach Norden geknickt, weiter.

Die präzisere Arbeit verlangsamte die Arbeit im Vergleich zu den Steinbrüchen auf der anderen Nilseite. Wir rechnen damit, daß ein Team von 6+2 Mann erst in 75 Minuten einen Stein aus dem Fels lösen konnte. Das ergibt eine Tagesleistung von ca. 6,5 Steinen. Nachdem die rund 200.000 Verkleidungssteine vorrangig in den ersten Jahren gebraucht wurden und dieser Steinbruchsbetrieb jenseits des Nils größenmäßig keinen Engpaß bildet, gehen wir rechnerisch von nur 10 statt von 20 Jahren Abbauzeit aus.

Bei rund 290 Arbeitstagen jährlich errechnen sich dann je Arbeitstag 69 fertige Steinblöcke. Dafür bringen wir 11 Teams à 8 Mann in Ansatz. Zusammen mit weiteren Aufsehern, Meistern und Helfern errechnen sich 120 Mann für den Tura-Steinbruch. Zu dieser 'Hundertschaft', für die sicherlich die besten Steinbrucharbeiter rekrutiert wurden, kamen noch rund 40 Schanzarbeiter. Auch die Erd-Sand-Bettungen für die herabstürzenden Blöcke mußten sehr gewissenhaft angelegt werden, damit kein versteckter Steinbrocken zum Ausbrechen einer Kante oder gar Ecke führte.

Ebenso behutsam erfolgte die Verladung auf die sorgfältig gezimmerten Schlitten. Sicher waren die Hebelstangen mit Stroh umwickelt und die Schlittenladungen besonders gut vertäut. Wir gehen deshalb von nur drei Steinblöcken aus, die ein 8-Mann-Team pro Stunde zum Abtransport fertig machen konnte. Demnach hatte es eine Tagesleistung von 25 Steinen. Bei 69 Steinen/Tag werden 3 Team à 8 Mann, also 24 Auflader benötigt, die wir zu 30 Mann aufrunden.

Schließlich mußten die Steine zum Nil gebracht werden. Wir setzen hier zunächst kommentarlos Zahlen an, die bei der Behandlung des Transportproblems begründet werden. Schleppmannschaften von jeweils 15 Mann (s.S.68) ziehen die Steinlasten zum Nil hangab. Benötigt jede Mannschaft 90 Minuten für einen Transport samt Rückweg, bewältigt sie also täglich 6 Steine, dann sind 12 Mannschaften à 15 Mann samt weiteren 10 Mann Überwachung und Hilfspersonal zu kalkulieren, d.h. in summa 190 Mann.

Wir fassen zusammen: Unter der sehr harten Voraussetzung, daß die Steine für die gesamte Verkleidung binnen 10 Jahren gebrochen worden seien, werden benötigt:

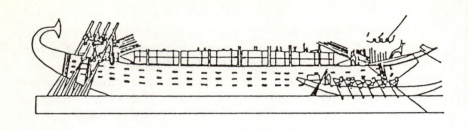

Abb. 13: Obeliskentransport unter Hatschepsut, 18. Dyn. [Pitlik 83]
Abb. 14: Säulentransport, Relief vom Aufweg des Unas, 5. Dyn. [Goyon 99]
Abb. 15: Rekonstruiertes Unas-Schiff [Stadelmann 1990, 249]

88 Steinbrecher
32 Meister, Vorarbeiter, Hilfskräfte
40 Schanzarbeiter
30 Auflader
190 Schlepper
-----
380 Mann.

In Wahrheit waren diese Steinbrüche während der gesamten Bauzeit in Betrieb, wodurch sich diese Maximalzahlen entsprechend reduzieren. Doch für die Gesamtkalkulation ist geklärt, daß diese Steinbrüche jenseits des Nils kein Problem für den Baufortschritt darstellten.

Die Niltraverse zwischen Tura und Giza

Wir kennen altägyptische Schiffsdarstellungen in Hülle und Fülle, aber keine zeigt, wie große, unbehauene Bausteine transportiert worden sind. Immerhin sind Darstellungen bekannt, auf denen Schwergewichte befördert werden: Ein Hatschepsut-Relief in Karnak (18. Dyn.) zeigt eine breite Barke mit zwei Obelisken, ein Unas-Relief (5. Dyn.) den Transport von Säulen. Die wirkliche Praxis ist daraus jedoch schwer zu erschließen, denn das Schiff der Hatschepsut liegt viel zu hoch im Wasser und würde genauso wie das Schiff des Unas sofort kentern. Insofern ist auch hier die nachvollziehende Phantasie, gepaart mit technischem Wissen, auf den Plan gerufen.

Zunächst handelt es sich um Transporte in zwei deutlich unterschiedenen Größenklassen. Die meisten Steine kamen aus den Turasteinbrüchen vom Ostufer und wogen selten mehr als 4 t, während ein prozentual kleiner Teil, der aber wegen seiner Riesengewichte von 40 und vielleicht noch mehr Tonnen Probleme aufwirft, von den weitentfernten Granitsteinbrüchen herbeigebracht werden mußte.

Die Kalkblöcke aus Tura wurden vom Osten her zum Nil gebracht, worauf die Schiffe über den Tamieh-Kanal zum Nil-Seiten-Kanal fuhren, um von dort den Hafen der Cheops-Baustelle zu erreichen. Gemäß Lauer

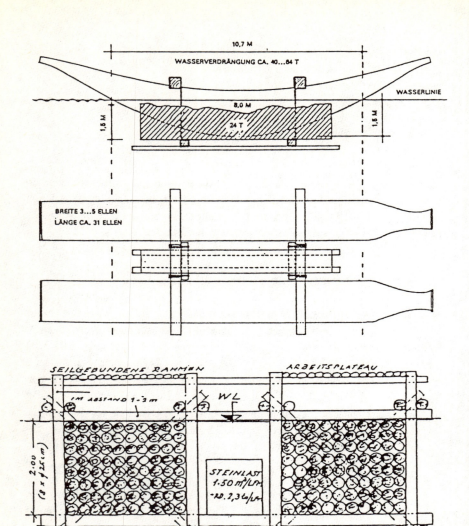

Abb. 16: Riedls Doppelrumpfboot mit der auftriebsbegünstigten Steinlast
[Riedl 209]
Abb. 17: Pitliks 'Katamaran-Floß', Steinlast liegt unter Wasser zwischen beiden Floßkörpern [Pitlik 82]

34

war dies eine Fahrtstrecke von gut 7 km [Gossart 19]. Diese Schiffe hatten Steine zu transportieren, die nicht wesentlich mehr als 4 t wogen. Nachdem uns die Cheops-Barke das hohe Können der damaligen Werften demonstriert, verlangen ägyptische Schiffe dieser Größenklasse keine Phantasie.

Der Wassertransport auf Nil und Seitenkanälen verlangte Sorgfalt, aber weder Schiffsschrauben noch geheimnisvolle Zusatzkräfte. Benötigt werden Anstrengungen von Seiten der Treidler und eine genaue Kenntnis der Strömungen. Insbesondere mußte der feine Kalkstein vor Näße geschützt werden, um Aussehen und Qualität zu bewahren. Bei der Schiffsbeladung könnten festinstallierte Umlenkböcke mit Seilrollen - diese für uns zentrale 'Maschine' wird unten im Detail erläutert - die Arbeit wesentlich erleichtert haben. Die Nilüberquerung konnte mit Herodots Floß- und Steinsteuerung - wir erläutern sie anschließend unter dem Stichwort 'Assuan' - am besten bewältigt werden, da die Flußströmung die Fähre bei kluger Steuerung wie von selbst hinüberschob. Entlang der Kanäle waren dann wiederum Treidelmannschaften auf den Böschungen in Einsatz.

Wenn wir von 10 Steinen je Schiff ausgehen, brauchen wir täglich 7 Schiffstransporte. Wir rechnen einen vollen Tag für jede Fuhre: Erst ein Stück nilaufwärts Treideln, dann die Flußtraverse, anschließend 6 bis 7 km Treideln in Kanälen, und nach dem Ausladen denselben Weg zurück. Das ergibt 7 Schiffsbesatzungen, kalkuliert mit jeweils 15 Mann, oder 105 Schiffsleute, die bei den Häfen durch insgesamt 15 Hilfskräfte ergänzt werden. Treidler bringen wir 20 je Schiff, also zusammen $7 \cdot 20 = 140$ Mann in Ansatz.

105 Fährschiffer
 15 Hilfskräfte
140 Treidler
 20 Aufpasser
-----
280 Mann für die Tura-Flottille.

Wir wissen, daß zu Giza mindestens zwei Häfen gehört haben: vor den später gebauten Sphinx- und Chephren-Taltempeln und beim Cheops-Taltempel. Dieser ist jüngst entdeckt und als 70 m langes Gebäude identifi-

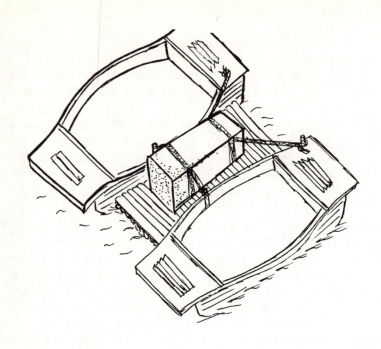

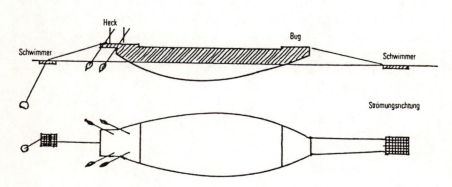

Abb. 18: Löhners erste Variante: Doppelboote mit dazwischenhängendem
Floß [Zeichnung Illig]
Abb. 19: Herodots Steuersystem mit Bugfloß und Heckstein für Flußschiffe
[Goyon 100]

ziert worden [Kastner 1993]. Doch das andere Hafenbecken liegt deutlich näher und scheint zwei Molen aufzuweisen.

Gegenüber den wichtigen und gewichtigen Steintransporten mußte die restliche Schiffahrt Rücksicht üben. Sie hatte - Boot für Boot, Schiff für Schiff - Holz, Seile, sonstige Baumaterialien, auch Teile der Verpflegung anzulanden. Da sie überall an den Kanal- und Hafenmauern vertäut werden konnten, brauchten sie keine speziellen Kais.

Ihre Mannschaftsstärke setzen wir doppelt so stark an als die der Tura-Flottille:

560 Mann für die Sekundärtransporte.

Doch geraten wir hier bereits an die Peripherie der Großbaustelle, die gewissermaßen langsam ausfranst und zerfasert, sprich sich im Alltagstreiben des einstigen Ägypten verliert.

Granit aus Assuan

Problematischer für den heutigen Beobachter sind die Ferntransporte, mit denen die mächtigen Granitriegel aus Assuan herangebracht worden sind. Hier muß die Frage gestellt werden, ob die Tragkraft ägyptischer Schiffe dadurch überfordert wurde. Die Darstellung aus der Zeit Hatschepsuts zeigt uns Schiffe, die dieser Aufgabe jederzeit gewachsen wären, aber auch Reliefs aus dem Alten Reich zeigen so große Schiffe mit besten Takelagen, daß die Frage als geklärt angesehen werden kann. Gleichwohl wurde viel Einfallsreichtum aufgeboten, um noch einfachere Möglichkeiten herauszufinden. 'Erlaubt' ist dies allemal, weil die für uns seltsame perspektivische Darstellung der alten Ägypter auch andere Interpretationen möglich macht.

Oskar **Riedl** hat um 1982 einen überraschenden Vorschlag in Form eines 'Lasten-Katamarans' gemacht: Zwei Schiffe, jedes rund 14 Meter lang und 1,5 bis 2,5 m breit, werden mit zwei Querbalken verbunden. An diesen Balken hängen die Granitmegalithe ins Wasser. Ihr Gewicht reduziert sich durch den Auftrieb von 40 auf 24 t. Riedl glaubte, damit auch die beiden im Chephren-Hafen gefundenen, schräg ins Wasser laufenden Molen erklärt zu haben. Denn seine Doppelschiffe nehmen beim Landen die Mole zwischen beide Schwimmkörper, der Baustein stößt an die schräge Mole und wird auf ihr hochgezogen [Riedl o.J., 201-213].

Fast gleichzeitig schlug in Frankreich Eric **Guerrier** vor, die Steine unter den 'Kiel' zu hängen [Guerrier laut Gossart 17f]. Herbert **Pitlik** bot zehn Jahre später, leider ohne Vorläufer zu nennen, eine ganz ähnliche Lösung an [1992a]. Doch verwendet er keine Doppelbarke, sondern ein Doppelfloß. Er orientierte sich daran, daß auf der Donau noch bis vor 150 Jahren riesige Flösse das gegebene Transportmittel waren. Diese Flößerei kombiniert elegant die notwendigen Transporte von Holz und Stein. Nach Pitliks Berechnungen ist für 1 m³ Stein eine Floßholzkubatur von rund 6 m³ notwendig. Flöße seiner Konstruktion können bei rund 2 m Tiefgang je laufenden Meter etwa 1,5 m³ Steinmaterial befördern.

Gut an dieser Erklärung ist zweifelsohne, daß die Transportvehikel nicht mühselig nach Assuan zurückgetreidelt werden mußten, sondern als Baumaterial bei der Pyramide verblieben. Nicht befriedigen kann Pitliks Vorstellung, daß die Flösse bei niedrigem Wasserstand auf dem Trockenen beladen wurden, um erst bei höherem Wasserstand aufzuschwimmen. Dies würde bedeuten, daß jeweils nur einmal im Jahr eine Floßfahrt möglich war, die dann von einer ganzen Flottille angetreten hätte werden müssen. Pitlik kam zu diesem Schluß, weil er den Wasserstand des Nils übers Jahr hinweg beobachtete und feststellte, daß seine Flösse mit ihrem beachtlichen Tiefgang nicht immer genug Wasser vorfanden.

F. **Löhner** präsentiert hier zwei weitere Varianten. Bei der einen werden zwei Boote und ein Floß miteinander kombiniert. Das flache Floß wird zwischen den Längsseiten zweier Boote so befestigt, daß sich die Boote bei Belastung des Floßes nicht nach innen neigen, aber die Floß-belastung durch ihren Auftrieb ausgleichen.

Solche Kombinationen sind heute noch in Einsatz. So besteht eine jugoslawische Flußfähre am Grenzfluß zwischen Montenegro und Albanien aus einem Holzfloß zwischen zwei ausgedienten Rettungsbooten. Diese scheinbar wacklige Konstruktion beförderte nachweislich zwei vollbeladene Kies-Lastwagen, zusammen fast 50 t Gewicht.

Der Vorteil dieser Variante liegt zum einen im stark reduzierten Tiefgang, der den Nil-Transport auch in wasserärmeren Jahreszeiten

Ägyptens gestattet. Zum zweiten liegen die Steine nicht im Wasser, was zwar bei Granit, nicht aber bei Kalkstein angängig wäre.

Für die zweite Variante werden drei, vielleicht auch vier Boote nebeneinandergekoppelt und der Druck der Steinlast mit einigen Querbalken gleichmäßig auf alle verteilt. Allerdings spricht für die erste Variante, daß die Boot-Floß-Kombination viel besser an den in Giza gefundenen schrägen Molen anlegen hätte können.

In allen angesprochenen Fällen können wir davon ausgehen, daß auch 40 t schwere Steine die verwendeten Schiffe nicht überfordert haben.

Herodots Schiffssteuerung

Wir erinnern uns jetzt daran, daß Goyon eine Methode bestätigte, mit der laut Herodot Schiffe auf dem Nil gesteuert worden sind. Demnach trieb an einem Seil vor dem Schiff ein Floß aus untergetauchtem Tamariskenholz, das den Bug permanent in der Strömung hielt. Das Heck wurde durch einen Stein stabilisiert, der im Flußbett hinterherschleifte [Goyon 99f, Herodot II, 96]. Auf Goyons Anfrage hin erhielt diese Steuertechnik von einem wissenschaftlichen Labor ausgezeichnete Prüfwerte. Im Grunde funktioniert diese lang vergessene Methode sogar zu gut, wie Löhner feststellte. Denn ein Schiff kommt praktisch nur dann aus der Strömung heraus, wenn es Floß und Stein einzieht.

Allerdings gibt es hier ein chronologisches Problem. Herodots Bremsstein des -5. Jhs. wird bereits auf Reliefs des Unas, also im -24. Jh. abgebildet, stand also in der 5. Dynastie zur Verfügung. Chronologietreue Deuter wie R.L. Bowen, die keinen Bremsstein des -1. Jtsd. im -3. Jtsd. dulden wollen, versuchten deshalb die Bremssteine als 'Opferbrote' verständlich zu machen, scheiterten dabei jedoch an der Lochung der dreieckigen Objekte [Heinsohn/Illig 363].

Löhners Versuche ergaben noch ein weiteres. Wenn Herodots Stabilisierungsverfahren bei einem Doppelrumpfboot benutzt wird, also mit doppeltem Schleppstein und doppeltem Steuerfloß, dann läßt sich dieser 'Schiffsverbund' genausogut in der Strömung wie gegen die Strömung manövrieren. Durch Verkürzen oder Verlängern der 'Ankerseile' ist das

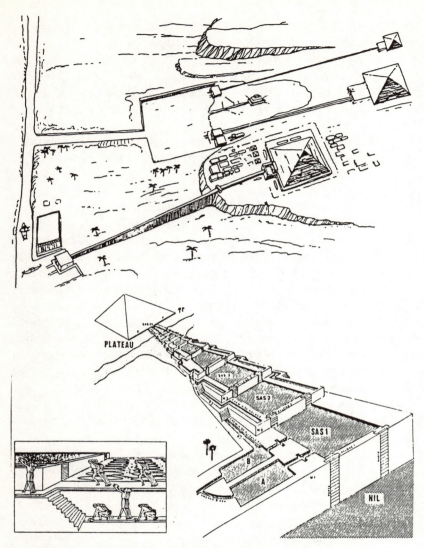

Abb. 20: Häfen an der Cheopspyramide; Stand 1977, vgl. S.22 [Goyon 106]
Abb. 21: Die hydraulische Leiter des M. Minguez vom Nil bis zur Pyramide. Die restlichen Schleusenkammern bis hinauf zum Pyramidion hat der Erfinder nicht dargestellt [Gossart 18]

40

Gefährt bei hoher Fließgeschwindigkeit weitaus exaktern steuern als mit Steuerrudern. Selbst leichte Stromschnellen sind damit gut zu meistern.

Das Ende aller edlen Schiffahrtskunst ist erst erreicht, wenn das Schiff in engen Kanälen getreidelt werden muß. Hier ist kein Steuerfloß und kein Stein mehr dienlich, hier muß ein anderer Könner die einseitigen Zugbewegungen der Treidler am Steuer ausgleichen.

Nachdem wir bislang keine Abbildungen und keine anderen Nachweismöglichkeiten besitzen, kann abschließend nur festgehalten werden, daß verschiedene Möglichkeiten denkbar sind, auch schwere und schwerste Steintransporte zu Wasser mit den Möglichkeiten damaliger Zeiten durchzuführen.

Eine aber hat es sicher nicht gegeben. Von Manuel **Minguez** stammt der Vorschlag, eine "hydraulische Leiter" mit 64 Schleusen vom Nil bis zur Spitze der Cheopspyramide zu bauen, in der die Megalithe submarin, also im Wasser hängend, herbeigetreidelt werden konnten. Das Wasser zur Füllung aller oberen Schleusenkammern hätten Fellachen per Hand von unten nach oben schöpfen müssen - fast 200 Höhenmeter [Minguez 1985]. Vielleicht glaubt wenigstens der Erfinder, mit seiner phantastischen Methode, die wasserdichte Schleusenkammern bis dicht unterm Pyramidion voraussetzt, alle Probleme gelöst zu haben...

Wie viele Mann bewältigten den Transport von Assuan nach Giza? Granitsteine wurden nur während der ersten Bauhälfte gebraucht, bis zu einer maximalen Bauhöhe von 70 m. Es standen also deutlich weniger als 20 Jahre zur Verfügung, weshalb wir von nur 8 Jahren ausgehen.

Ein großes Flußschiff mit ca. 20 Mann Besatzung konnte mit bis zu 4 kleineren Granitblöcken beladen werden. Es war mindestens 20 Tage unterwegs, anfangs auf dem Nil, dann auf dem Josefskanal, dem Bahr Yusef oder Birket El-Qarun [David 1], der bis zum Cheops-Hafen führte. Nachdem der Rückweg stromauf ebenfalls mindestens 20 Tage dauerte, benötigte eine Schiffsbesatzung sicher zwei Monate für eine Fuhre.

Nun ging es bei Cheops um insgesamt 500 Granitblöcke, von denen manch großer Träger bereits allein das Schiff füllte. Es brauchte also ungefähr 350 Fahrten von Assuan nach Giza. Ein ganzjährig pendelndes Schiff beförderte per anno etwa 10 Steine, binnen 8 Jahren also rund 80

Abb. 22: Statuentransport. Relief aus dem Grab des Gaufürsten Djehutihe-
tep in El Bersheh; hier nur ein Teil der 172 Schlepper wiedergegeben, das
Relief oberhalb der eingezeichneten Linie ist verloren [Michalowski 566]

Steine. Selbst wenn wir auf 50 Blöcke je Schiff und Zeitspanne abrunden, kommen wir mit 10 Schiffen respektive 200 Schiffern aus.

Unser Ansatz ganzjährigen Transports - gegen Pitlik - ist berechtigt, weil der Nil-Seitenkanal schon damals sinnreich über das Faijum-Becken mit Wasser versorgt wurde. So konnten sicherlich Schiffe üblichen Tiefgangs, also ohne ins Wasser hängende Steine, das ganze Jahr über fahren. Die ungleich größeren Granitmengen bei Chephren und Mykerinos führen indirekt zu demselben Schluß.

Wir wissen nicht hinreichend, ob damals auf den Kanälen so wie heute gesegelt oder ausschließlich getreidelt wurde. Nehmen wir sicherheitshalber noch 6 Treidelmannschaften à 30 Mann auf, dann liegt **unsere gesamte Assuan-Flottenbesatzung** trotzdem erst bei 380 Mann. Wir ergänzen sie noch um 50 Zimmerleute und 20 Mann für Koordination auf **450 Mann**. Angesichts des langen Transportwegs könnten wir diese Zahl auch verzehnfachen, ohne die Nilanrainer arbeitsmäßig in Verlegenheit zu bringen. So gerechnet hätten sich die Fahrten sogar auf die jährliche Flutzeit beschränken können.

Wir stießen bislang auf keine 'Armeen blauer Ameisen', sondern auf überschaubare Mannschaftsstärken. Ebenso überschaubar, ja beschaulich war der Schiffstransport auf dem Nil und seinen Seitenkanälen: Maximal 7 Schiffe kamen täglich von Tura - bei einer auf 20 Jahre gestreckten Kalkulation sogar nur 3 bis 4. Und gelegentlich, nicht täglich kam ein Schiff mit seiner Granitlast aus Assuan.

Abb. 23: Statuentransport; Relief aus dem Grab des Ti, Aufseher der
Pyramide und des Tempels des Sahure; 5. Dyn., Saqqara [Kérisel 82]
Abb. 24: Statuentransport; Relief aus dem Grab des Ti, Saqqara [Singer I 710]
Abb. 25: Steintransport mit drei Ochsen; aus den Tura-Steinbrüchen, Neues
Reich [Kottmann 35]

Transport zu Lande

Wir rekapitulieren den Stand unserer Baubeschreibung: In den Steinbrüchen rings um die Pyramide liegen die Nummulitenkalk-Blöcke bereit, aus den Steinbrüchen am Mokattam-Gebirge ist der Tura-Kalk gebrochen, zum Nil und per Schiff zu den Häfen des Cheops gebracht worden. Nunmehr geht es um den Antransport der Steinblöcke von Häfen und Giza-Steinbrüchen aus zum Bauhof am Fuße der Pyramide.

Der repräsentative Aufweg von Cheops' Taltempel am Nilkanal zu seinem Totentempel am Fuß der Pyramide war ein Viadukt von 825 m Länge, das mindestens 44 m Höhendifferenz überbrückte (Goyons 658,60 oder 668,60 m [Goyon 107f] sind überholt, weil sich der Aufweg im Tal abgeknickt fortsetzt [Kastner 1993]). An der Steilstufe im Gelände wechselte die Steigung. In der ersten Hälfte betrug sie 4 Finger (= 7,5 cm), anschließend dann 3 Finger = 5,6 cm pro Meter. Goyon hat Berechnungen für Rampen dieser Steigung veröffentlicht (5,6 cm = 3°30' für α; Goyon 95f). Für einen 'Standardstein' von 2,5 t Gewicht + 500 kg für Schlitten samt Tauen und Geschirrzeug kalkulierte er zwei Varianten:

a) Bei einem Reibungskoeffizienten μ_s = 0,25 sind 931,5 kp Zugkraft nötig. Bei einem Zugeinsatz von 12 kp je Mann - der Wert war einst verbindlich für das Treideln französischer Schleppkähne - ergeben sich 78 Mann für einen Block.

b) Vernachlässigt man den Reibungskoeffizienten, weil den Ägyptern perfekte Schmiermittel zuzutrauen sind, muß eine Zugmannschaft nur noch 183 kp leisten und somit 16 Mann (+ 9 Mann Begleitung) zählen.

Diese Überlegungen sind grundsätzlich legitim, weil uns die alten Ägypter aus dem Alten, Mittleren wie aus dem Neuen Reich Reliefs hinterlassen haben, auf denen Transporte per Schlitten dargestellt sind. Auf dem berühmten Flachrelief des Djehutihotep in El-Bersheh ziehen 172 Männer eine etwa 60 t schwere Statue auf ihrem Schlitten (12. Dyn.), wobei eine reibungsmindernde Flüssigkeit zum Einsatz kommt.

Im Gegensatz zu Goyon, aber in Übereinstimmung mit jüngeren Überlegungen gehen wir nicht mehr davon aus, daß der Aufweg vom Tal- zum Totentempel als Zugstrecke für den Steintransport gedient hat. So zeigt

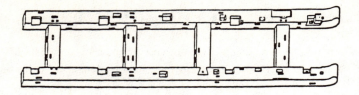

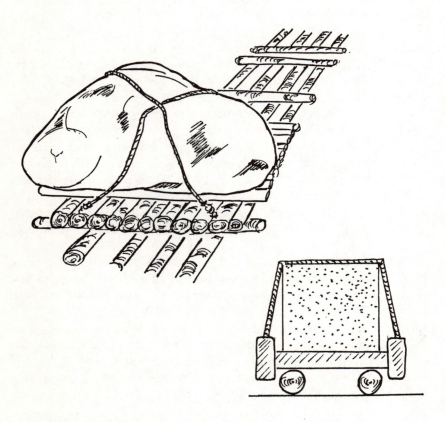

Abb. 26: Schlitten oder Schleife aus der 12. Dyn., Dahschur. Beachtenswert die vielfältigen Aussparungen und Verzahnungen [Kottmann 36]
Abb. 27: Megalithtransport durch Thyssen Engineering [Zeichn. Illig nach Foto]
Abb. 28: Löhners Schlitten auf Schienen [Zeichnung Illig]

etwa Abitz [1992], wie vom Hafenbecken für Chephren und Mykerinos aus das Material zur Südseite der Pyramide gebracht worden sein dürfte. Bei einer separaten Transportstrecke konnte an dem Kultaufweg, diesem relief-verzierten Repräsentationsbauwerk, unabhängig von ständigem Transport-verkehr gebaut werden - ein eminenter Vorteil.

Gefordert bleiben natürlich möglichst kurze Transportwege. Abitz hat dafür ein frappantes Exempel vorgelegt. Wird der Transportweg nur um einen einzigen Meter verlängert, muß ein Block von 2,5 t Gewicht zusätz-lich über eine Strecke von 2.300 km geschleppt werden! [Abitz 65] Diese Warnung haben wir berücksichtigt; der 'neue' Transportweg verkürzt den Antransport um rund die Hälfte.

Löhners Schlitten auf Schienen

Die Verwendung von Schlitten am Aufweg ist unstrittig, wenn wir Min-guez' extravagante, hydraulische Möglichkeit außer Acht lassen. Dieses archaische Mittel der Beförderung wird noch heute ganz selbstverständlich eingesetzt. Zu seinem Prinzip des Schleifens kehrt man dann zurück, wenn Gewichte zu extrem werden. Große Radlader mit ihren riesigen Nieder-druckreifen erreichen bei Gewichten über 30 t ihre Grenzen. Müssen sie noch schwerere 'Pakete' bewältigen, dann geben sie nicht auf, sondern spielen 'Schlitten ziehen'. Ihre Last ruht ja auf großen Stahlgabeln. Wenn die nicht mehr angehoben werden können, werden sie einfach über den Boden gezerrt. Dabei recken die Maschinen ihre Hinterteile in die Luft, während die Vorderräder für den Antrieb sorgen.

Wir konnten in einem Oberpfälzer Granitsteinbruch beobachten, wie solche motorisierte 'Schlitten' über 70 t schwere Teile zentimetergenau bewegen können. Den dort Tätigen war es sicher nicht bewußt, daß sie 'im Prinzip' eine uralte Technik benutzten, die schon bei Ägyptern und anderen Megalithbaumeistern zum Einsatz kam. Bis in unsere Zeit hinein wurde der simple Schlitten gerade für schwerste Lasten benutzt, wobei dann Motor-winden und Drahtseile die Schlitten zogen, teilweise über raffinierte Syste-me von Umlenkrollen. Doch damit zurück zur Pyramidenbaustelle von einst.

Goyon sieht den Aufweg mit Querhölzern aus Palmstämmen gepflastert [Goyon 147], während für das Gizaplateau auch an Schleifspuren gedacht wurde, die mit Lehm oder ähnlichem geschmiert wurden. Doch gibt es neuerdings auch andere Überlegungen.

1990 hat sich ein Team von **Thyssen Engineering** mit dem Megalithtransport für Hünengräber befaßt. Nach praktischen Versuchen mit Großsteinen schlugen sie ein Zusammenspiel von Schlitten, Rollen und halbierten Baumstämmen, sprich Holzschienen vor. Der Großstein wird auf einem Holzschlitten über frei bewegliche Rollen gezogen, die wiederum auf den Schienen wenig Reibung hemmt. So kann die Zugarbeit um rund zwei Drittel gegenüber dem Zerren auf blankem Boden reduziert werden [Thews].

Im Jahre 1992 hat sich Ingenieur **Pitlik** zum Pyramidenbau geäußert und kam zu einem ganz ähnlichen Ergebnis, das er allerdings aus Versuchen mit nur 330 g schweren Modellen gewonnen hat. Ihmzufolge ist die Kombination von Schlitten, Rollen und zwei Schienen aus Baumstämmen die günstigste:

Notwendige Zugkraft für ein Gewicht von 330 g:

Rollhölzer auf Rollbahn	5 p
Bei harter glatter Fläche ohne Rollen	90 p
Bei stark angefeuchtetem Ton	400 p
Bei handfeuchtem Ton	540 p [Pitlik 1992b, 83].

Er weist darauf hin, daß bei realen Gewichten ein flexibler Untergrund aus Ton oder Nilschlamm viel mühsamer zu überwinden ist, weil zur Sogwirkung auch noch der Widerstand durch stärkeres Einsinken komme.

"Schlamm als *dünne* Schicht zwischen zwei harten und glatten Flächen wirkt reibungs-*mindernd* - jedoch in dickerer Schicht auf unebenem und flexiblem Untergrund *hemmend*" [Pitlik 1992b, 83].

O. **Riedl** hat schon früher hervorgehoben, daß bei wirklich schweren Lasten, worunter er 60 t versteht, der Lehm von den Schlittenkufen zur Seite gequetscht und jeder Gleiteffekt vernichtet würde [Riedl o.J., 78].

Andererseits wurde jüngst erwähnt, daß mit dem als Vielzweckmörtel verwendeten Lehm Tafla sehr wohl kleine Transportrampen erstellt werden könnten. Versuche hätten ergeben, daß in Tafla verlegte und gewässerte Planken 4-Tonner wie auf Seife gleiten ließen [Sülberg 1993, 108].

Löhner hat nun neue Versuche durchgeführt, die zwar die Schienen bestätigen, nicht aber Thyssens freie Rollen. Sie würden sich schon bei der geringsten Unebenheit, bei leichter Seitwärtsneigung oder beim kleinsten ungleichmäßigem Zug aus der Richtung drehen, so daß die Mannschaft unentwegt damit beschäftigt wäre, die Rollen neu auszurichten. Bei dem Thyssen-Versuch brauchten denn auch 50 Männer einen ganzen Arbeitstag (8 Stunden), um einen 14-t-Megalith bescheidene 200 m weit zu bewegen. Wir lassen diese spezielle Problematik - europäischer Megalith auf Schienen - auf sich beruhen, zumal inzwischen ein ganz anderer Vorschlag gemacht wurde [Würch].

Die Versuche von Löhner ergaben, daß auf Schienen aus Baumstämmen, die durch Öl oder Seife glitschig gemacht werden, ein Schlitten direkt, also ohne Rollen, genauso leicht bewegt werden kann wie mit der Kombination Rollen auf Schienen; die Gleitreibungskoeffizienten sind gleich hoch oder niedrig. Wenn man als Schienen die Libanonzeder verwendet (das Meruholz der Snofru-Zeit; Goyon 97), braucht man nur geringe Mengen an Schmiermittel, weil diese Bäume besonders öl- und harzreich sind. Sie sind außerdem besonders verrottungsfest, weshalb sie lange auf dem Boden liegen bleiben können.

Bei Geleisen mit zwei parallelen Schienen benutzt man einfache Schlitten, die aus zwei Längs- und drei Querhölzern bestehen. Nicht die Schlittenkufen, sondern die Querhölzer rutschen bei Löhners Vorschlag auf den Holzschienen. Die Kufen liegen außerhalb der Schienen und können, so sie etwas größer dimensioniert sind, das seitliche Wegrutschen des Schlittens vom Schienenstrang verhindern. Dadurch wird das unentwegte Neujustieren verdrehter Holzrollen durch eine 'halbautomatische' Führung ersetzt: diese Schlitten sind ungleich leichter voranzubringen als Schlitten auf freien Holzrollen, die ständig von den Schienen herabzugleiten drohen.

Der Schlitten für eine Last von rund 2,5 t muß vielleicht nicht ganz so zierlich sein wie der von L. Croon vorgeschlagene (30 kg), kann aber wohl leichter ausfallen als die von Goyon angesetzten brutto 500 kg [Goyon 95].

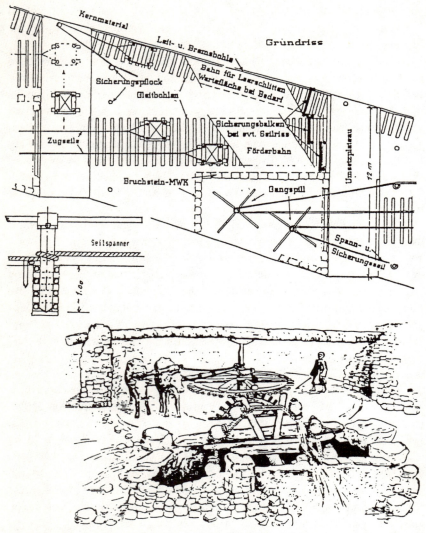

Abb. 29: Pitlik: steile Förderrampe, Gangspills und Umsetzplateau [Pitlik 85]
Abb. 30: Der Göpel, ein Räderschöpfwerk, wohl erst in der Ptolemäerzeit
in Ägypten [Riedl 63]

Wir werden 300 kg für Schlitten mit Zugseilen und 'Zuggeschirren' in Ansatz bringen.

Wie gelangen nun die Schlitten von Steinbrüchen und Häfen zur Pyramide? Es wurden wohl zwei Gleisstränge vom Kanalhafen zur Bauhütte geführt, um nicht bei Gleisbruch den Transport einstellen zu müssen. Jede ihrer Schienen bestand aus fortlaufendem Stammholz, das mit verdecktem Stoß verbunden und durch Querhölzer mit seiner Parallelschiene verbunden und am Verrutschen gehindert wurde. Diese Holzgeleise konnten jahrelang auf diesen festen Transportwegen liegenbleiben, denn der Materialverschleiß blieb gering, solange sie gut gleitfähig gehalten wurden. Für Sauberkeit und gutes Gleiten hatten dabei wohl eigens eingesetzte Arbeiter zu sorgen, und sicher war es damals wie heute: Wehe dem 'Streckenwärter', bei dem es Materialbruch gab.

Das Gangspill

Schlitten auf Schienen müssen gezogen werden. Gemeinhin werden von den Experten nur vielköpfige Zugmannschaften ins Kalkül gezogen, weil wir derartige Abbildungen von Ägyptern und Assyrern kennen. **Stadelmann** hat neuerdings bei Snofrus Pyramidenbau Ochsen zugelassen, um seine überaus problematischen Rampen steiler anlegen zu können [Stadelmann 1990, 266]. Die Legitimation dafür könnte sich aus einem Relief der 18. Dynastie ableiten, das Ochsen vor einem steinbeladenen Schlitten zeigt. Da es sich aber um ein 1.000 Jahre späteres Zeugnis handelt und die Ochsen zu keiner grundsätzlich anderen Arbeitsweise führen, lassen wir sie im weiteren beiseite.

Pitlik schlug jüngst ein Hilfsgerät vor, das er von Oskar Riedl übernommen haben dürfte: das Gangspill. **Riedl** hat 1981 versucht, diese Ankerwinde erneut pyramidenfähig zu machen, nachdem 1952 **Strub-Roessler** damit gescheitert war. Es handelt sich um eine einfache Maschine. In eine senkrecht geführte Achse sind 4, 6 oder 8 Spaken oder Sprossen waagrecht eingelassen, gegen die sich ebensoviele Männer stemmen, während sie im Kreis herumgehen. Die Ankerkette der Schiffe oder hier das Hanfseil wird dabei nicht auf die Achse gewickelt, sondern nur ein- oder zweimal ums sie herumgeführt, um dann weiterzulaufen und dahinter von Hand aufgerollt zu werden. Bei dieser Art von Seilwinde wird also Tau

Abb. 31: Die Königsbarke des Cheops, aus 1224 Einzelteilen zusammengesetzt; Zeichnung von Ernst Bandlow [Schüssler 193]

Abb. 32: Schiffstauwerk aus dem Alten Reich; Lischt [Goedicke 111]

Abb. 33: Takelage aus dem Alten Reich; dito Lischt [Goedicke 107]

oder Kette nicht auf die Achse gespult, was angesichts der benötigten Längen unmöglich wäre.

Während Strub-Roessler dieses Gerät einfach für die alten Ägypter postulierte, machte sich Riedl die Mühe, vergleichbare Hilfsmittel im alten Ägypten aufzuspüren. Er wurde ausgerechnet bei den Saiteninstrumenten fündig, die schon damals mit kleinen Stimmwirbeln gespannt wurden, wie Abbildungen einwandfrei belegen [etwa Michalowski 388]. Es wäre auch gar zu lächerlich gewesen, wenn damalige Orchester ohne stimmbare Instrumente kakophonisch gegeneinander, nicht harmonisch miteinander gespielt hätten [Riedl o.J., 162f]. Er verwies auch auf die Sandalen des Tutanchamuns, deren Verschnürung im Grunde wie ein einfacher Flaschenzug wirkt [Riedl o.J., 157]. Wir werden den Gangspills dieser beiden Autoren erneut begegnen, wenn wir uns mit dem Heben der Steinblöcke auf den Pyramidenstumpf befassen. Doch kann bereits verraten werden, daß die Ägyptologen Riedls Maschinen als "absurd" bezeichnen [Arnold 1984].

Trotzdem hat Herbert **Pitlik** erneut das Gangspill gefordert, diesmal bereits für die Rampen bis hin zur Pyramide. Uns scheint dies genauso unzulässig wie im Falle von Riedl. Denn wir haben zahlreiche Abbildungen aus dem Alten Reich, die uns mit den Schiffen der Pyramidenzeit bekanntmachen, und Schiffe waren das Eldorado der Seilerzunft. Dort ist zwar jede Art von Tauwerk bis hin zu mächtigen Masthalteknotungen dargestellt, wir finden auch Ösen an den Rahen, an denen Seile befestigt werden konnten, aber wir finden weder ein Gangspill noch bewegliche Umlenkrollen, über die Taue geführt wurden. Und eine zweite Beobachtung tritt hinzu. Nach allgemeiner Auffassung ist der Schaduf als Wasserschöpfer erst in ptolemäischer Zeit vom Göpel abgelöst worden [Keating 164f]. Der Göpel aber ist ein Pendant zum Gangspill, bei dem der Ziehende oder Schiebende ebenfalls um ein senkrecht gelagertes Antriebsrad im Kreis herumgeht.

Insofern erscheint das 'pyramidale' Gangspill als kein 'zulässiges' Werkzeug im Sinne unserer dritten und vierten Prämisse. Dagegen ist an gutem Seilmaterial nicht zu zweifeln. Beste Hanfseile, nicht schwächere Palmfasertaue kennen wir - ein Glücksfall - von der Sonnenbarke des Cheops im Original. Dank dieses Fundes im Schatten der Cheopspyramide können wir die hochentwickelte Schiffsbaukunst des Alten Reiches exakt einschätzen.

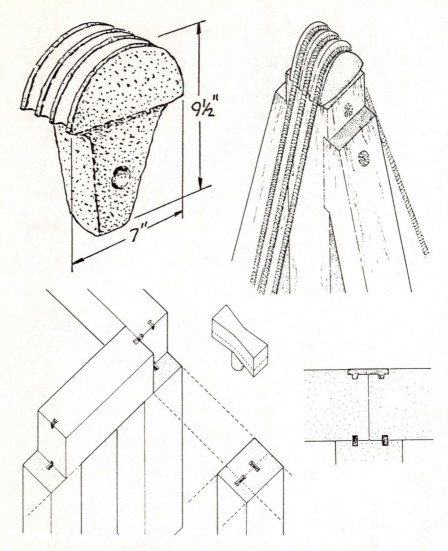

Abb. 34: Umlenkstein aus dem Taltempel von Mykerinos [Isler 41]
Abb. 35: Mögliche Position eines solchen Umlenksteins [Arnold 283]
Abb. 36: Bronzekrampen aus dem Taltempel des Chephren und des Unas,
4. und 5. Dyn; Krampen aus den Steinaussparungen erschlossen [Arnold 125]

54

Eine derartige Betrachtung führt allerdings zu einem weiteren chronologischen Problem. So gute und elegante Schiffe das Alte Reich produziert hat, so schlecht fielen die 'Königskähne' des Mittleren Reiches aus, die wir von Sesostris III. im Original kennen. Dagegen wirken die Schiffe des Neuen Reiches - 1.000 Jahre später - fast identisch mit denen des Altreichs. Nach -1100 sterben dann Schiffahrt und Schiffsbau für 800 lange Jahre ganz aus, wenn man dem archäologischen Befund in Ägypten das berechtigte Vertrauen schenkt [vgl. Heinsohn/Illig 355-367].

Die einfache Umlenkung: Löhners Seilrolle

Nachdem das Gangspill schwerlich mit den alten Ägyptern in Verbindung gebracht werden kann, setzt F. Löhner nach langwierigen und zum Teil aufwendigen Versuchen auf ein Prinzip, das in der Cheopspyramide selbst nachweisbar zur Anwendung gekommen ist: die Zugumlenkung ohne Übersetzung. Gemeint ist also kein Flaschenzug, sondern die einfache Seilführung um ein bewegliches Querholz, um eine drehbare Querrolle, eben eine Seilrolle. Nun kann vom Steinblock ein Seil zur Rolle und um sie herum zu den Schleppern geführt werden; die Zugmannschaft aber bewegt sich in Gegenrichtung zum transportierten Stein.

Wir vermeiden den Begriff 'Umlenkrolle', weil er häufig ein frei bewegliches Teil mit eingefräster Seilführung kennzeichnet. Derartige freie Umlenkrollen, die dann als Teile von Flaschenzügen auftreten und seemannssprachlich Taljen oder Blöcke benannt werden, sind nirgends in ägyptischen Takelagen abgebildet. Sehr wohl sind allerdings steinerne 'Umlenker' der 4. Dynastie gefunden worden, mit denen bis zu drei parallele Seile in eine andere Richtung gelenkt werden konnten [Arnold 283; Isler 36]. Gelegentlich zeigen Reliefs aus dem Alten Reich freibewegliche Seilführungen am Mast, die allerdings keine bewegliche Rolle tragen, sondern ein Seil mit relativ viel Reibung umlenken [Landström].

Unsere Seilrolle ist in einem Umlenkbock gelagert, den wir uns so vorstellen: Seine beiden Seitenteile bestehen aus mehreren aneinander geleimten und mit Holznägeln zusammengedübelten Brettern, die dem hohen Standard damaliger Schreinerkunst entsprechen. Deren Meisterlei-

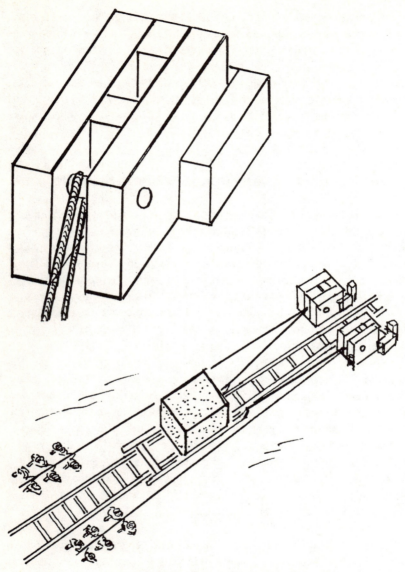

Abb. 37: Löhners Seilrolle [Zeichnung Illig]
Abb. 38: Ein Seilrollenpaar an der Schleppstrecke [Zeichnung Illig]

stung - die Möbel von Cheops' Mutter Hetepheres - gereichen dem Museum zu Kairo zu ebensogroßer Ehre wie die 1.000 Jahre jüngeren Möbel Tutanchamuns.

In die Seitenteile ist je ein Loch gebohrt, das sich von beiden Seiten aus konisch verengt. Für die eigentliche Lagerung sind mindestens drei Varianten möglich. Entweder läuft das Rundholz gut geschmiert direkt in dem schmalen, reibungsarmen Holzlager oder es wird mit einem Kupferblech umhüllt, das die Reibung beträchtlich herabsetzt. Bei der dritten Möglichkeit wird auch das Lager mit Kupfer ausgeschlagen, so daß Kupfer auf Kupfer läuft. Mit Stahl auf Stahl wären noch niedrigere Reibungskoeffizienten erzielbar, aber wir postulieren keine Maschinen aus Stahl.

Dabei lockert sich die Abwehrfront jener Ägyptologen, die für die Gizapyramiden des -26. Jhs. urtümliche Kupfersteinzeit fordern [etwa Lauer 239 oder Lucas/Harris 64]. Zwar stammen allerfrüheste Bronzegegenstände aus der 4. Dynastie [Lucas/Harris 219], aber erst D. Arnold präsentierte bronzene Schwalbenschwanzklammern aus Chephrens Taltempel, die zusätzlich mit runden Arretierstiften versehen waren und bis zu einem halben Zentner wogen [Arnold 1991, 125]. Wer derartige Klammern für schwere Granitbauelemente gießen konnte, war mit großer Wahrscheinlichkeit auch in der Lage, dauerhafte Bronzelager herzustellen.

Derartige Bronzelager brauchten nicht notwendigerweise in Holzteile eingepaßt werden, sondern waren auch in Stein verankerbar. Möglicherweise genügten bereits Halbschalen, wie wir sie in der Cheopspyramide selbst finden werden. Insofern sind ganz unterschiedliche Varianten denkbar.

In allen Fällen muß die Rolle möglichst kurz sein und trotz erhöhter Reibung einen größeren Durchmesser haben. Denn die Reibung einer zu dünnen Rolle würde sich erheblich verstärken, wenn sie auch nur zum Durchbiegen neigen könnte. Und nachdem tonnenschwere Lasten zu bewegen sind, darf der Druck je Quadratzentimeter nicht allzuweit ansteigen, sonst wird die Rolle erst schwergängig und dann funktionsuntüchtig.

Unsere Umlenkböcke werden paarweise, links und rechts der Schlepptrasse eingesetzt, weil ein einzelnes Gerät dem herangleitenden Steinblock im Wege stünde. Bei dem asymmetrisch zur Mitte gerichteten Zug könnte sich das Seil zwischen Rundholz und Seitenwange einklemmen. Das läßt

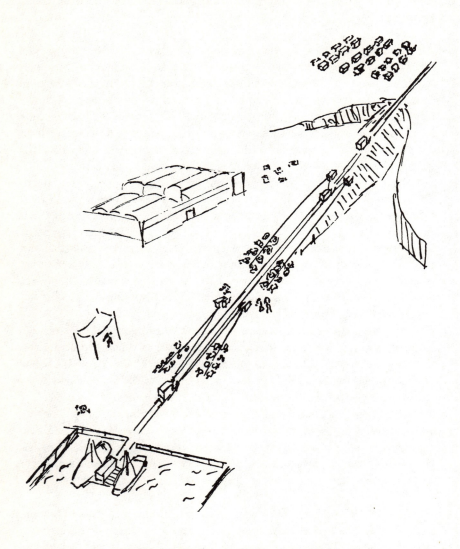

Abb. 39: Schleppstrecke zum Bauhof [Zeichnung Illig]

sich einfach vermeiden, indem das Rundholz (wie eine Zwirnspule) mit einen aufgebogenen Rand ausgestattet oder leicht schräg in den Bock eingesetzt wird.

Der Einsatz eines derartigen Gerätes hängt primär davon ab, wieviel an zusätzlicher Reibungsarbeit geleistet werden muß. Zusätzliche Reibung, also über die Gleitreibung zwischen Transportschlitten und Untergrund hinausgehend, kann an zwei Stellen auftreten. Einmal zwischen Seil und Seilrolle, zum anderen zwischen Rolle und Lager. Wir bestimmen nun die Reibungsarbeit im einzelnen; wer physikalische Formeln und ihre Anwendung nicht schätzt, kann den nächsten Abschnitt überblättern und erfährt im übernächsten (ab S. 67) die errechnete Stärke der Schleppmannschaften.

Kalkulierte Reibung

Das umlaufende Seil soll die Seilrolle möglichst ohne jeden Schlupf drehen und nicht übers Holz rutschen. Nachdem der Reibungskoeffizient für trockenes "Hanfseil auf rauhem Holz" bei 0,5 und damit sehr hoch liegt [Hütte 211], ist gewährleistet, daß das Seil kaum über die Rolle scheuert, sondern sie in seiner Bewegung mitnimmt. Dieser Effekt ist durch eine Harzung der rauhen Rolle noch steigerbar. Noch effizienter ist es, das Seil nicht nur mit einer halben Umschlingung, sondern mit eineinhalb Umschlingungen um die Rolle zu legen und das Harz beiseitezulassen. Damit ist der Schlupf zuverlässig auf Null gebracht, und das Seil bleibt sauber und griffig [ein Hinweis von Hanjo Schmidt, Stuttgart].

Insofern können Betrachtungen über die **Seilreibung** samt Umschlingungswinkel vernachlässigt werden [Formeln s. Bayer 28].

Die **Lagerreibung** des Umlenkbocks ist dagegen von zentraler Bedeutung. Für sie gelten folgende Erfahrungswerte [Dubbel 230]:

Gleitreibungskoeff. μ	trocken	gefettet
Holz auf Holz	0,2 - 0,40	0,04 - 0,16
Holz auf Metall	0,2 - 0,50	0,02 - 0,10
Metall auf Metall	0,1 - 0,25	0,01 - 0,15

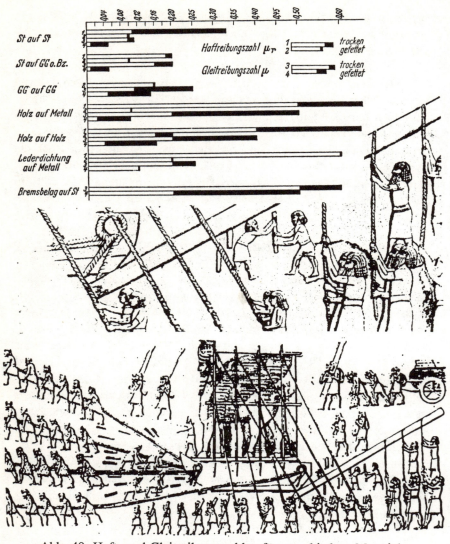

Abb. 40: Haft- und Gleitreibungszahlen für verschiedene Material-
kombinationen [Dubbel 230]
Abb. 41: Transport von Stiersphingen für Sennacherib [Lanfranchi/Parpola 50f]
Abb. 42: Reliefausschnitt mit dem mächtigen Hebelbaum [Arnold 279]

Löhner hat mit verschiedenen Materialien experimentiert und bestätigt, daß mit gutgeschmierten Holz-Holz- genauso wie mit Holz-Kupfer- und Kupfer-Kupfer-Kombinationen sehr reibungsarme Lagerungen erzielt werden können. Überraschenderweise werden noch heutzutage landwirtschaftliche Maschinen mit echten Holzlagern verwendet: Nach dem Zweiten Weltkrieg gebaute Scheibeneggen aus der Sowjetunion und der DDR werden wegen ihrer Haltbarkeit und Pflegeleichtigkeit noch immer genutzt.

Nachdem die alten Ägypter nicht auf mathematischem Wege nach einer Minimierung suchten, sondern empirisch die besten Schmiermittel und Lagerflächen auswählten, dürfen wir ihnen unterstellen, daß sie den Reibungskoeffizienten auf einen Wert drückten, der im unteren Bereich dieser Skalenwerte liegt. Wir haben für den Reibungskoeffizienten μ_s zwischen Schlitten und Schiene denselben Zahlenwert gewählt wie für μ_z (Lagerreibung), nämlich $\mu_s = \mu_z = 0,04$; mit beiden ist noch keineswegs die allerniedrigste Möglichkeit ins Kalkül gezogen. Sie liegt im übrigen über jenem Wert, der bereits aus dem Djehutihotep-Relief abgeleitet worden ist. Dort wurde laut Abitz so gerechnet:

Die 172 abgebildeten Schlepper bringen jeweils eine Zugkraft von 12 kp, zusammen 2.064 kp auf. Damit bewegen sie eine Statue von geschätzten 60 t. Die Standardformel für die Gleitreibung in der Ebene lautet

$$K = G \cdot \mu_s$$

Die Auflösung der Gleichung nach μ_s = K : G erbringt über den Bruch 2064 : 60000 den Gleitreibungskoeffizienten μ_s = 0,0344 [Abitz 77]. Doch dieser Koeffizient bezog sich dort auf eine nicht näher definierte Reibung zwischen Holzrollen und einer glatten Unterlage, die mit einer stetig zugegebenen Flüssigkeit minimiert worden ist. In unserem Fall geht es um die genau definierte Reibung zwischen wohlpräparierten Reibungsflächen: einmal zwischen Holzschienen und Schlitten (μ_s), zum anderen um die Reibung in einem Holz- oder Metall-Lager (μ_z).

Nunmehr erweitern wir unsere Betrachtung auf **schiefe Ebenen**, wobei uns Dipl.-Ing. Hans-Ulrich Niemitz, Berlin, mit Rat und Rechnung zur Seite stand. Wie läßt sich die notwendige Kraft bestimmen, mit der eine Last dort gezogen werden kann?

$$K = G \cdot (\sin \alpha + \mu_s \cdot \cos \alpha)$$

Um die Kraft zu errechnen, werden drei Vorgaben benötigt: Die Gewichtskraft (G) des Steinblockes, der Steigungswinkel (α) und der Koeffizient (μ_s) für die Reibung des Steinblockes auf seiner schrägen Ebene.

Das Gewicht eines Steinblocks (G) ist kein Geheimnis und kann gegebenenfalls auch über seine Abmessungen und das spezifische Gewicht für Kalkstein oder Granit errechnet werden.

Aus dem Klammerausdruck resultiert, daß der Stein immer mehr 'ins Gewicht fällt', je steiler er angehoben wird. Die Sinusfunktion geht dabei von 0 für 0° nach 1 für 90°, die Kosinusfunktion von 1 für 0° nach 0 für 90°. Bei senkrechtem Hub reduziert sich die Formel deshalb auf K = G, also auf das blanke Heben des Gewichtes.

Um nun auch **die Seilrolle** rechnerisch ins Spiel zu bringen, wird die Formel noch einmal erweitert:

$$K = G \cdot (\sin \alpha + \mu_s \cdot \cos \alpha) \cdot (1 + \mu_z) / (1 - \mu_z)$$

Der zweite Klammerausdruck enthält über und unter dem Bruchstrich den Reibwert des Lagers μ_z dergestalt, daß sich mit wachsendem Reibungskoeffizienten die notwendig werdende Kraft in markanter Weise erhöht. Wir illustrieren dies mit fogender Tabelle:

μ_z	K	zusätzlicher Kraftaufwand	
0,01	1,02	2	%
0,04	1,083	8,3	%
0,05	1,105	10,5	%
0,1	1,222	22,2	%
0,2	1,5	50	%
0,333	2,0	100	%
0,429	2,5	150	%
0,5	3,0	200	%

Graphisch gesehen durchläuft der zusätzliche Kraftaufwand eine Hyperbel. Das bedeutet: Im Bereich unter $\mu_z \approx 0{,}2$ führen Reibungsänderungen nur zu geringen Zugkraftänderungen. Für Reibungskoeffizienten über $\mu_z \approx 0{,}3$ bringt dagegen jede weitere Reibungsverschlechterung einen überproportional steigenden Kraftaufwand, der nun rasch gegen Unendlich strebt (Grenzwert $\mu_z = 1$) und die Seilrolle lahmlegt.

Damit kann jene Kraft berechnet werden, mit der ein 'Standardgewicht' (bei Cheops der Durchschnittsstein zu 2500 kp + 300 kp Schlitten, Seil und Geschirr) von 2.800 kp bei festem Reibungskoeffizienten $\mu_s = 0{,}04$ gezogen werden kann, in Abhängigkeit von μ_z (Lagerreibung) und Steigungswinkel α. Wir haben μ_s, also die Reibung des Blocks auf seinen Schienen, nicht variiert, weil dadurch das Ergebnis nur unwesentlich beeinflußt wird:

μ_z	**0.00**	0.03	**0.04**	0.05	0.1	0.5	0.6
$\alpha = $ **0°**	**112**	119	**121**	124	137	336	448
$\alpha = $ 5°	356	378	385	393	435	1067	1422
$\alpha = $ 10°	597	633	646	659	729	1789	2386
$\alpha = $ 20°	1063	1129	1151	1175	1299	3189	4252
$\alpha = $ 30°	1497	1589	1622	1654	1830	4491	5988
$\alpha = $ 40°	1886	2002	2043	2084	2305	5657	7542
$\alpha = $ **52°**	2275	2416	**2465**	2515	2781	6826	9101 kp

Wir variieren den Steigungswinkel zwischen 0 und 52°, dem Neigungswinkel der Cheopspyramide. Bei den von uns gewählten Reibungskoeffizienten $\mu_s = \mu_z = 0{,}04$ ergeben sich mit Seilrolle 121 kp in der Ebene. Wollte man die Pyramidenflanke als schiefe Ebene nutzen, muß ein Zug von 2.465 kp hinter der Seilrolle ansetzen, um Steinblock, Schlitten und Seile dort hinaufzubefördern.

Zum Vergleich sind auch Werte für andere Steigungen und vor allem für andere Reibungskoeffizienten aufgeführt, an denen deutlich wird, wie bei höheren Reibungskoeffizienten die Zugarbeit überproportional wächst. Einem wichtigen Vergleich dient die erste Kolumne für $\mu_z = 0$. Hier ist dargestellt, welche Zugkräfte ohne umlenkende Seilrolle entstehen. In der

Ebene fallen lediglich 112 kp für die Gleitreibung an. Wenn wir wie Goyon eine Zugkraft von 12 kp/Mann voraussetzen (in der Literatur wird mit Werten zwischen 10 und 15 kp gerechnet), läßt sich in der Ebene ein 2,8-t-'Standardstein' von

$$112 \text{ kp} : 12 \text{ kp} = 9,33$$

also aufgerundet von 10 Mann ziehen. Der Gebrauch der Seilrolle brächte hier außer Mehrarbeit gar nichts, denn 121 kp : 12 kp verlangte aufgerundet ein Zuggespann von 11 Mann.

Bei steiler werdendem Zugweg werden ohne Seilrolle ungleich mehr Schlepper gebraucht. Denn sie können 'am Berg' nicht mehr ihre 12 kp Zugkraft aufbringen, sondern immer weniger. Doch geht das insgesamt nicht lange gut: Allzurasch kommt der Moment, an dem die Schlepper, nicht ihre Lasten, ins Rutschen kommen. Die nachstehende Tabelle nennt ihre Zugkraft in Abhängigkeit von der Steigung der Rampe und von ihrem Haftreibungskoeffizienten, sprich ihrer Bodenhaftung auf der Schräge, wobei für eine ungetreppte Rampe der Wert 0,2 am realistischsten ist. Die Formel lautet jetzt

$$K = G \cdot (\mu_o \cdot \cos \alpha - \sin \alpha)$$

als Gewicht G stehen wiederum 60 kp je Mann, und dieser Mann kommt ins Rutschen, wenn K negativ wird (dargestellt durch "-"):

α	$K(\mu_o = 0,2)$	$K(\mu_o = 0,4)$	$K(\mu_o = 0,6)$
0°	12,0	24,0	36,0
5°	6,7	18,7	31,0
10°	1,4	13,2	25,0
20°	-	2,0	13,3
30°	-	-	1,2 Kp
40°	-	-	-
50°	-	-	-
60°	-	-	-

Schon bei einer Steigung α von 5° reduziert sich die Kraft eines Schleppers von 12 auf 6,7 kp. Gleichzeitig erhöht sich die zu erbringende Kraft von 112 auf 356 kp (s. Tabelle S.63). Damit wächst die Schleppmannschaft auf 356 : 6,7 $\approx$ 53 Mann an, um bei weiter wachsender Steilheit sehr schnell viele Hundertschaften zu umfassen und trotzdem bald aufzugeben (s. Tabelle S.66). Diesen Effekt mußte G. Goyon ignorieren, um überhaupt bei seinen Rampen bleiben zu können, aber auch F. Abitz hat ihn noch jüngst übersehen [Abitz 79].

Bei der Löhnerschen Seilrolle stellt sich erfreulicherweise der umgekehrte Effekt ein. Je steiler die Rampe, desto mehr können die Schlepper ihr eigenes Gewicht, das weiterhin 60 kg betragen soll, 'in die Waagschale' werfen. Erreicht der Steigungswinkel 90°, hätten wir einen Aufzug vor uns, bei dem die Schlepper als reiner Ballast im Förderkorb die Last senkrecht nach oben zögen. Aber sie können sogar mehr als 100 % leisten, sprich mehr Kraft als ihr Eigengewicht G = 60 kp 'ans Seil' bringen, wenn sie in steilem Gelände dank ihres guten Standes zusätzlichen Druck ausüben. Errechenbar ist ihre Zugkraft mit derselben Standardformel wie oben, nur diesmal nicht für Gleit-, sondern für Haftreibungskoeffizienten:

$$K = G \cdot (\mu_o \cdot \cos \alpha + \sin \alpha)$$

α	$K(\mu_o=0,2)$	$K(\mu_o=0,4)$	$K(\mu_o=0,6)$	
0°	12	24	36	
5°	17,2	29,1	41,1	
10°	22,2	34,0	45,9	
20°	31,8	43,1	54,3	
30°	40,4	50,8	61,2	
40°	47,8	57,0	66,2	
52°	**54,7**	**62,1**	**69,4**	
60°	58,0	64,0	70,0	
70°	60,5	64,6	68,7	
80°	61,2	63,3	65,3	
90°	60	60	60	kp

Für unsere Zwecke wäre die rechte Spalte mit den größeren Zugkräften maßgeblich, weil unsere Schlepper auf ihrem Bergabweg einen festen Stand haben. Doch um weiterhin auf der sicheren Seite unserer Rechnung zu bleiben, beschränken wir uns auf die Werte der linken Spalte ($\mu_o = 0,2$). Jetzt können wir eine Vergleichstabelle aufstellen, die uns die Zahl der Schlepper 'je Normalstein' ohne und mit Seilrolle benennt. Die zu bewältigende Last ist bei der Arbeit mit der Seilrolle grundsätzlich größer, weil auch die Reibung dieses Geräts überwunden werden muß.

Zahl der Schlepper	ohne	bzw.	mit Seilrolle
$\alpha = 0°$	$112 : 12,0 \approx 10$		$121 : 12,0 \approx 11$
$\alpha = 5°$	$356 : 6,7 \approx 53$		$385 : 17,2 \approx 23$
$\alpha = 10°$	$597 : 1,4 \approx 427$		$646 : 22,2 \approx 30$
$\alpha = 20°$	1063 -		$1151 : 31,8 \approx 37$
$\alpha = 30°$	1497 -		$1622 : 40,4 \approx 41$
$\alpha = 40°$	1886 -		$2043 : 47,8 \approx 43$
$\alpha = 52°$	2275 -		$2465 : 54,7 \approx 46$ Mann

Damit sind wir bei der wichtigsten Aussage angelangt. Eine Steigung von 5° ist dank umlenkender Seilrolle mit 23 Schleppern zu bewältigen, und selbst an der Flanke der Cheopspyramide mit ihren 51°51' Steigung können **46 Mann** ein Standardgewicht von 2,8 t hinaufziehen, wenn wir für die Reibung zwischen Steinschlitten und Schienen den Koeffizienten $\mu_s = 0,04$ und für die Lagerreibung der Seilrolle μ_z ebenfalls 0,04 voraussetzen. Die Standsicherheit des Schleppers, also sein Haftreibungswert ist mit nur 0,2 angesetzt, obwohl auch 0,6 möglich gewesen wären. Infolgedessen werden wir anschließend die Seilrolle auch an der Pyramidenflanke installieren.

Unsere frühere Tabelle hat darüberhinaus gezeigt, daß die Seilrolle auch bei höherer Reibung noch effizient eingesetzt werden kann. Denn die Schleppmannschaften würden auch in diesem Fall zunächst nicht wesentlich größer. Bei einem μ_z von 0,1, das den Ägyptern auf alle Fälle erreichbar war, errechnen sich nicht 46 Mann, sondern:

2781 kp : 54,7 kp $\approx$ 51 Mann

Demnach würde die Verschlechterung des Reibungskoeffizienten von 0,04 auf 0,1 (+150 %) nur 5 Mann mehr beanspruchen (+11 %), weil wir uns noch im unteren Kurvenbereich der Funktion bewegen. Erst wenn wir in den oberen geraten, wächst der Bedarf an Zugkräften immens an.

Wir sehen also, daß sich der Einsatz der kraftumlenkenden Seilrolle bereits bei mäßigen Steigungen lohnt. Während ohne dieses Gerät 53 Mann nötig sind, um eine Steigung von nur 5° zu bewältigen, genügen dank der Seilrolle 46 Mann für den Steintransport bei 52°. Insofern können wir in unseren Rechnungen die Seilrolle auch bei den Schlepptrassen vom Hafen zum Bauhof und von den pyramidennahen Steinbrüchen zum Bauhof berücksichtigen. Erwähnt hatten wir sie bereits als nützliches Hilfsmittel beim Beladen der Schiffe für die Steintransporte.

Die notwendigen Schleppmannschaften

Bei mäßigen Steigungen sind Zuggeschwindigkeiten zu erzielen, die fast der eines Fußgängers entsprechen. Möglich wird dies durch einen weiteren Vorteil. Wir erinnern uns, daß Goyon seinen Schlitten mit 500 kg brutto ansetzen mußte. Denn er hatte auch noch die Geschirre des Zuggespanns und das Gewicht des Seils zu berücksichtigen. Bei einer bergabmarschierenden Zugmannschaft zieht das Gewicht des Zuggeschirrs immer mit, wandelt sich also zum Teil von Last in Kraft. Und das Seil zieht immer besser mit, je weiter es um die Rolle gelaufen ist. Dieser Effekt sollte - vor allem im Steilen - nicht unterschätzt werden, wiegen doch zwei Hanfseile mit 4 cm Durchmesser bei 100 m Länge immerhin rund 270 kg [Pitlik 1992b, 86], also wohl mehr als vier Schlepper.

Bislang sind andere Rechnungen angestellt worden sind. Laut den Tabellen von Abitz würden die Mannschaftsstärken je nach Steingewicht, Steigung und anfallender Reibung zwischen 42 und 139 Mann betragen [Abitz 79]. Croon benötigte 48 Mann auf der Rampe [Lauer 257], Goyon dagegen lediglich 16 Mann [Goyon 96, 234], während Edwards sogar mit 8 Mann in der Ebene auskommen wollte [Helck 2268, 2271]. Die Unterschiede rühren von dem ganz unterschiedlich angesetzten Gleitreibungskoeffienten her, den Forscher wie Chevrier schlicht und einfach mit 0 ansetzten [Goyon

95], und von der stark vernachlässigten Steigung bei Goyon. Er müßte auf einer realen Baustelle anstelle von 16 Mann bis zu 53 Schlepper an die Seile bringen, also seine Mannschaften mehr als verdreifachen.

Unsere Berechnung fordert **in der flachen Ebene** 11 Schlepper; mit Aufseher, Schienenwärter, Seilprüfer, Wasserträger ergibt sich eine **Schleppmannschaft von 15 Mann**.

Bei Aufwegen von ca. **5 % Steigung** benötigen wir 23 Schlepper + 2 Reserveschlepper + 5 ergänzende Funktionsträger, also eine **Schleppmannschaft von 30 Mann**.

An der Pyramidenflanke gehen wir von folgender Mannschaft für das Standardgewicht von 2.800 kp aus, das sich bei der Steigung von 52° auf eine Last von 2.465 kp reduziert. Die Anzahl an Schleppern beträgt, wie oben errechnet, 46 Mann. Hinzu kommen nunmehr Aufseher, Schienenwärter, Schienenschmierer, Arretierer, Seilprüfer, Windenmeister, Hebler, Hilfskräfte, die allerdings nicht allesamt einer einzigen Schleppmannschaft zugeordnet sein müssen, so daß wir eine **Schleppmannschaft an der Pyramide mit 56 Mann** ansetzen.

Warum werden auch 'Hebler' aufgezählt? Wir haben bislang immer mit Gleitreibungskoeffizienten gerechnet. Um aber einen ruhenden Stein in Bewegung zu setzen, muß zunächst die Haftreibung überwunden werden, die weit höher liegen kann als die Gleitreibung (vgl. Diagramm S.60). Dies geschieht am einfachsten mit mächtigen Hebeln. Wir finden auf assyrischen Reliefs bei genau diesem Einsatz Geräte dargestellt, die so hoch sind, daß sie von den Männern über Seile bedient werden müssen und so eine sehr hohe Hebelkraft entfalten (die chronologische Zulässigkeit dieses Vergleiches wird im letzten Kapitel behandelt).

Die durch ein Seilrollenpaar abgedeckte Schlepplänge ist nur durch die Seillänge begrenzt. Denn das zentnerschwere Hanfseil muß ja nach jedem Steintransport zurückgebracht oder -gezogen werden und sollte deshalb die Handhabung nicht unnötig erschweren. Vom Durchmesser her gibt es keine Einschränkungen, denn schon ein Hanfseil von 3 cm Durchmessern trägt laut Auskunft der 'Deutschen Seilerschaft' leicht 3 t (sogar 5,3 t laut Guerrier 43). Zwei parallel geführte Seile dieser Qualität gewähren bei einem 'normalen' Steinblock von ca. 3 t mehr als verdoppelte Sicherheit.

Beobachten wir jetzt einen solchen Transport, der die rund 500 m Weglänge vom Hafen heraufkommen soll. Als Steigung mögen die 4,3° gelten, die Goyon für den Aufweg nennt und die auch hier gelten können [Goyon 108]. Alle 75 m stehen zwei Umlenkböcke links und rechts der Schleppstrecke. Zu ihnen gehört eine Zugmannschaft mit 22 Schleppern, aufgeteilt in zwei Gespanne à 11 Mann, die rechts und links parallel ziehen. Der Stein liegt festgelascht auf seinem Schlitten, bei ihm stehen die Hebler; die Seile sind um die beiden Seilrollen gelegt, bei denen jeweils ein Schleppgespann bereitstehen. Die restlichen Arbeiter der 30-Mann-Crew beziehen ihre Posten.

Auf Kommando legt sich die Schleppmannschaft buchstäblich ins Zeug, während die Hebler am Steinblock ansetzen; der Schlitten kommt in Bewegung und gleitet samt Block das Gleis hinauf, während die Schleppmannschaft hangabwärts marschiert. Sind die Seilrollen erreicht, wird der Schlitten arretiert; die beiden bisherigen Seile werden aus-, die Seile vom nächsten Umlenkbockpaar eingehängt. Während die neuen Gespanne zu Tal gehen, steigt die jetzt entlastete untere Mannschaft wieder zu ihren Böcken zurück. Die ganze Arbeit verläuft in großer Sauberkeit, denn nirgends werden nasse Lehmspuren benötigt, auf denen ja nicht nur der Schlitten gleitet, sondern vor allem die Schlepper ausgleiten würden.

Um täglich 69 Tura-Steine vom Hafen zum Bauplatz zu holen (das entspricht ihrem kompletten Antransport binnen 10 Jahren), muß alle 7 Minuten ein Steinblock oben am Lagerplatz ankommen, der aber durchaus eine halbe Stunde für die gesamte Strecke brauchen kann. Sie ist in 7 Teilstrecken à 75 m aufgeteilt. Auf jeder ist eine Mannschaft zugange, also sind 7 Steine gleichzeitig auf der Schleppstrecke. Wenn wir noch eine achte Mannschaft dort als 'Springer' einsetzen, wo es gerade stockt, dann haben wir 8 · 22 = 176 Mann für den Transport der Tura-Blöcke vom Hafen zum Bauhof im Einsatz. Bei diesen Zahlen müssen wir immer bedenken, daß sich die Mannschaftsgröße direkt nach dem jeweiligen Steingewicht bemißt, also gegebenenfalls durch Springer verstärkt werden muß.

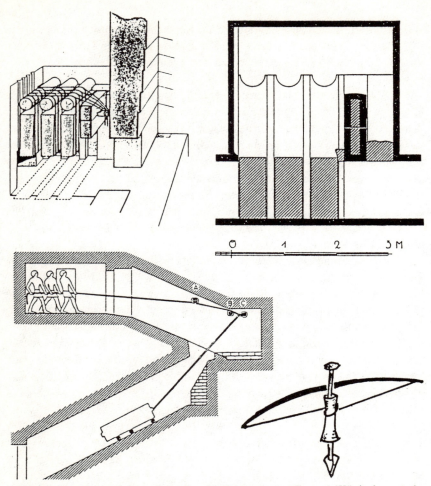

Abb. 43: Drehbar gelagerte Seilrollen im Vorraum von Cheops' 'Königskammer'.
Granitblöcke zum Verschließen aufgehängt [Goyon 176]

Abb. 44: Bei abgesenkten Fallsteinen werden die Granitlager für die Rollen erkennbar [Borchardt Tafel 10]

Abb. 45: Einsatz von Seilrollen beim Hinablassen von Sarkophagen in unterirdische Räume. Rekonstruiert nach den Balkenlöchern im Grab des Ibi, 6. Dyn. [Arnold 73]

Abb. 46: Beim Bogenbohrer wird der Bohrer durch die fiedelnde Bewegung des Bogens gedreht, das identische Prinzip wie bei der Seilrolle [Riedl 96]

Hinzu kommen 44 Schreiner, Schmierer, Einweiser, Vorarbeiter, Schreiber, insgesamt also rund 220 Mann. Wir ergänzen hier gleich noch um die Granitblockschlepper, die sich um jene Großlasten kümmern müssen, die aus Assuan angelandet werden. Für die '40-Tonner' müssen gelegentlich 200 zusätzliche Mann zur Verfügung stehen.

Für diese Transporte würde eine einzige Schleppstrecke vom Hafen bis zum Bauhof ausreichen. Um jedoch auch bei Schienenbruch ein kontinuierliches Weiterarbeiten zu ermöglichen, gab es mit Sicherheit eine zweite Schleppstrecke, die zweckmäßigerweise auf die Bedürfnisse des Großsteintransportes ausgerichtet war.

Schiene und Seilrolle im alten Ägypten ?

Jetzt mag der Einwand kommen, daß die Technik der Schiene wie der Seilumlenkung für die Pyramidenzeit nicht überliefert sei. Doch das wäre nicht richtig.

Mit der Seilrolle haben sich seit Ludwig Borchardt alle Ägyptologen angefreundet, ohne es vielleicht bemerkt zu haben. Wenn wir uns zum Nachweis auf den Weg zur 'Königskammer' des Cheops machen, so haben wir nach der Großen Galerie die sogenannte Vorkammer zu passieren. In ihr hingen drei schwere Granitsteine, die in Führungen heruntergelassen werden konnten, um die zentrale Kammer hermetisch abzuschließen. Borchardt hat 1932 beschrieben, daß in die Seitenwänden halbrunde Lagerungen eingetieft worden sind, "gewissermaßen in den Granit geschnittene Achsenlager" [Goyon 176]. Sie werden seitdem als Lager für Rundhölzer gedeutet: Über diese liefen die Seile, mit denen die Verschlußblöcke zunächst arretiert und später abgesenkt wurden. Es sind sogar Rillen in die Rückwand eingetieft, damit die hintersten Seile nicht zwischen Holz und Wand eingequetscht werden. Nach demselben Prinzip, das seit über 60 Jahren für die 4. Dynastie akzeptiert ist, aber aus unbekannten Gründen noch nie im Freien angewendet werden durfte, arbeitet Löhners Seilrolle.

Dieselbe Methode kam schon bei Snofru, dem Vater des Cheops, zum Einsatz. J.E. Perring rekonstruierte das Halten eines Fallsteins mit Seilrollen, als er sich mit der Knickpyramide des Snofru in Dahschur beschäftigt hat [Stadelmann 1985, 91ff]. Und ergänzend sei bemerkt, daß schon der für

Ägypten tausendfach belegte Bogenbohrer das Prinzip einer Kraftumlenkung mittels Schnur und Drehholz im Kleinen hinreichend belegt.

Am hier vorgeschlagenen Schlittentransport zweifelt ebenfalls niemand. Allenfalls bestritten werden kann seine Fortbewegung auf Schienen. Dazu läßt sich folgendes sagen. Vom Prinzip her ist es gleich, ob sich der Schlitten mit seinen Längskufen auf Querhölzern bewegt oder aber mit seinen runden Querhölzern auf Längsbalken. Erhalten haben sich weder Geleise noch Schienen. Das wäre nicht unbedingt verwunderlich. Großformatiges Hartholz war als Importware in Ägypten äußerst begehrt, weshalb wir alte Zedernholzbalken wohl nur aus Snofrus Knickpyramide in Dahschur-Süd kennen [Stadelmann 1985, 94].

Dagegen wissen wir, daß rund ums Mittelmeer immer wieder Steingeleise verwendet worden sind. Wir haben dabei nicht nur die uralten cart-ruts von Malta im Auge, sondern genauso die Steingeleise der Griechen, etwa in Syrakus, der Römer generell auf Gebirgsstraßen, der Illyrer in Dalmatien oder der spanischen Ureinwohner in ihren Bergbaugebieten genauso wie am Meer. Die Assyrer verlegten in ihren Palästen Metallschienen für fahrbare Kohlebecken. Alle diese technischen Einrichtungen kennen wir nicht aus Abbildungen, sondern nur aus archäologischen Befunden. Insofern könnten auch Holzschienen für Ägypten gefordert werden, läge nicht die Pyramidenzeit zeitlich vor allen übrigen genannten Kulturen. Doch dazu verweisen wir auf das letzte Kapitel.

Klar ist, daß der Einsatz der überaus nützlichen Seilrollen keineswegs am Fehlen von Schienen scheitern würde. Wir können wie Chevrier und Goyon vermuten, daß in der Praxis auch andere Wege und Transportwege gefunden wurden, die Gleitreibung auf ein Minimum zu bringen, ohne daß wir deshalb ihren Reibungskoeffizient auf Null setzen müßten, wie es die beiden Forscher in ihren Berechnungen getan haben [Goyon 95]. Uns aber scheint die Kombination Schiene und Schlitten aussichtsreicher zu sein als zum Beispiel Schlitten und wohlpräparierte Felspiste.

So ist mit Löhners Seilrolle eine Lösung gefunden, die nicht nur der damals zur Verfügung stehenden Technik voll und ganz entspricht, sondern auch heutigen 'Vorstellungen' ägyptischer Baustellen. Gemeint ist damit, daß wir z.B. keine hellenistischen Zahnräder oder die Dampfmaschinen eines Heron auf der Baustelle erwarten, auch wenn dieser ingeniöse Mann im ägyptischen Alexandria gelebt hat. Ihren eigentlichen Wert wird unsere 'Maschine' an der Pyramide selbst entfalten, deren Bau wir uns nach dem folgenden Abschnitt zuwenden.

Warum kein Rad ?

Vor rund einem Jahrzehnt ging ein Raunen durch die Presse. Ein Außenseiter, sprich ein Ingenieur, hatten ein altes Fundstück aus Champollions Zeiten neu gedeutet. Im 19. Jh. war das Holzteil aufgetaucht, das einem Kreissegment ähnelte. Nach längerem Betrachten propagierten es einige Spezialisten als Kippschlitten. Wir werden diesem angeblichen Hubgerät in der entsprechenden Rubrik begegnen. Doch der Ingenieur John **Bush** ging noch einen Schritt weiter. Wenn man vier entsprechend geformte Kreissegmente um einen Steinblock legt, bekommt er radförmigen Umriß. Mit zwei solchen 'Holzreifen' wird aus einem Steinblock eine schwergewichtige Steinrolle, die 'nach Belieben' von sechs Mann bewegt werden kann. Dieses überraschende Gerät, das Bush in die Realität umgesetzt hat, wirkt wie das 'Rad des Imhotep' und scheint das antike Transportwesen revolutionieren zu können [Anonym 1982]. Die Ägyptologen mochten diesem Gedanken wenig abgewinnen, weil das Rad auf ihrem Terrain erst zur Hyksos-Zeit auftritt, also rund 800 Jahre später.

Ganz so leicht können sie aber nicht aus der Verantwortung entlassen werden. Schließlich existieren Abbildungen, denenzufolge bereits in der 5. und 6. Dynastie Sturmleitern auf Rädern bewegt worden sind [Kottmann 36; Arnold 1991, 282]. Bei diesen Exemplaren wenden die Fachgelehrten ein, daß es sich um primitive Scheibenräder gehandelt habe, die sich nur bei solchen Einsätzen, nicht aber an schnelleren Vehikeln bewähren konnten. Das heißt aber nichts anderes, als daß 'rollende Steine' zu Cheops' Zeiten möglich gewesen wären.

Was spricht für oder gegen diese Alternative? Unsere heutigen Vorstellungen eines Rades auf asphaltierter Trasse sind gewissermaßen zu komfortabel. Wer damals mit einer 2,5-t-Rolle über unebenen Grund holperte, brauchte sehr rasch neue Holzteile. Außerdem sind die Blöcke ja

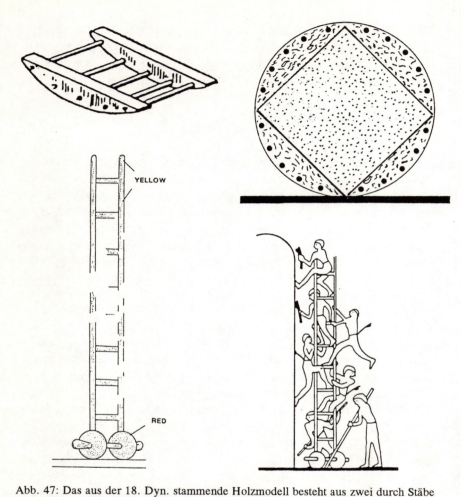

YELLOW

RED

Abb. 47: Das aus der 18. Dyn. stammende Holzmodell besteht aus zwei durch Stäbe
verbundenen Kreissegmenten; Teil eines bei Grundsteinlegung vergrabenen Schat-
zes. Abbildungen zum Einsatz sind nicht bekannt [Kottmann 36]

Abb. 48: Bushs Vorschlag für einen 'rollenden Stein' in der Abbildung von Kottmann, der die Methode sechs Jahre später als eigene vorstellte. Die Annahme
gleichseitiger Quader entspricht nicht der Realität [Kottmann 37]

Abb. 49: Belagerungsleiter, Grab des Kaemheset, Saqqara, 6. Dyn. [Arnold 282]

Abb. 50: Dieselbe Belagerungsleiter [nach Kottmann 36]

74

keineswegs auf den Zentimeter genau einheitlicher Größe, so daß man jedem Block eigene Holzsegmente hätte anpassen müssen. Bei 2,5 Mio. Steinen ergäbe dies einen enormen Bedarf an exakt gerundetem Holz, an Hartholz, das nun einmal in Ägypten sehr rar war.

Weiter stellt sich der Transport durchaus nicht ganz so einfach dar. Blöcke, die weder Würfel noch exakt gleichseitige Quader sind, entwickeln beim Rollen eine beachtliche Unwucht, die es mit sich bringt, daß bei jeder Umdrehung einer kurzen Verzögerung ein stark beschleunigtes Bewegungsmoment folgt. Deshalb müßte hinter der Zugmannschaft und der 'Rolle' eine Bremsmannschaft folgen, die sich ruckartigen Bewegungen entgegenstemmt. Fallen jedoch einmal Schlepper aus - beispielsweise weil sie stolpern, dann besteht die Gefahr, daß sich so eine 'Rolle' verselbständigt und bald durch kein menschliches Eingreifen mehr gebremst werden kann. Insofern müßten weitere Arbeiter je nach Gefälle vorn oder hinten ständig Bremskeile bereithalten, um dem Ausbrechen einer 'Rolle' vorzubeugen. Und schließlich ist der Koeffizient für Rollreibung nicht besser als jener für Gleitreibung. So finden wir für "Straßenfuhrwerke auf chaussierter Straße, mit Staub usw. bedeckt", den Wert 0,028 für μ, der erst ab guter Asphaltstraße auf 0,01 und darunter sinkt [Hütte 213].

Unterm Strich ergibt sich damit - das mag uns Autofahrer befremden - kein Vorteil für den Einsatz von 'Rollen', eher im Gegenteil.

Doch der gewichtigste Einwand ist zweifellos die Frage nach der Eingliederung in die Technologiegeschichte Ägyptens. 'Rollende Steine' passen so wenig wie 'rolling stones ' in das Bild, das uns die Ägypter hinterlassen haben. Vor allem aber: Hätten die Ägypter, wenn das Rad schon 2,5 Millionen Mal im Einsatz war, trotzdem auf die Hyksos gewartet, um von ihnen ein 'modernes' Speichenrad für Streitwagen in Empfang zu nehmen? Hätten sie nicht viel schneller eine 'Kultur auf Rädern' entwickelt? Hier kann zunächst nur festgestellt werden, daß wir auch aus dem Neuem Reich und aus der Spätzeit keine 'Lastwagen' kennen, sondern ausschließlich leichte Kriegsgeräte, die ihre eigentliche Herkunft schon deshalb nicht verleugnen können, weil sie aus Holzarten gebaut sind, die keineswegs für Ägypten, wohl aber für die nördlichen Steppen typisch sind.

Kalkulation der Schlepper

Wir können deshalb auch für die zweite Transportnotwendigkeit auf dem Gizaplateau, dem Antransport von den Steinbrüchen zum Bauhof, bei Seilrolle und Schiene bleiben und entsprechend kalkulieren.

500 Steine täglich sind zu befördern, die aus mehreren Steinbrüchen über eine Distanz von rund 300 m [Abitz 78] eintreffen. Wir legen drei Zugstrecken fest, an denen wiederum alle 75 m Böcke mit Seilrollen stehen, also 4 Paare. Daraus resultieren - nachdem es sich zum Teil um ansteigendes Terrain handelt - 12 Zugmannschaften à 30 Mann, die hier obendrein verdoppelt werden, um alternierend tätig zu werden und so die Kapazität weiter zu steigern. Während also die eine Mannschaft zurückgeht, zieht die zweite Mannschaft bereits den nächsten Stein weiter. So liefert ein Gleis alle 2 Minuten einen Stein, d.h. die gesamte Transportkapazität liegt mit 1 Stein je 40 sec höher als die geforderte Kapazität von 1 Stein/min. und kann im Bedarfsfall - also gerade in der Anfangsphase des Pyramidenbaus - durch eine weitere Schlepptrasse ohne Schwierigkeiten erhöht werden.

So haben wir 24 · 30 = 720 Schlepper, zu denen 80 Schreiner, Schmierer, Vorarbeiter, Wasserholer etc. gehören mögen, insgesamt also 800 Mann.

Wir brauchen aber auch noch eine dritte Transportkapazität: vom Bauhof bis zum Fuß der Pyramide. Hierbei handelt es sich zwar mit rund 200 m um die kürzeste Distanz, dafür kann es sich als mühsam erweisen, die jeweils benötigten Steine in einer vollgestellten Steinmetzwerkstatt, in einem Steinmagazin geradlinig zu verfrachten. Man brauchte bewegliche Gleisstücke, um die Schleppanlagen zu erreichen, die vor jeder der fünf Aufwege (vgl. unten) an der Pyramide installiert sind. An den ebenen Schleppanlagen arbeiten in schon beschriebener Weise 5 · 15 = 75 Mann. Weiter brauchen wir 8 Teams à 18 Mann, insgesamt 150 Mann, um die Blöcke aus dem Bauhof bis zu diesen kurzen Gleitstrecken herauszumanövrieren. Weil hier viele Hebler benötigt werden, haben wir die dortigen Mannschaften um je 3 Mann erhöht.

So errechnen sich hier, über 75 + 150, weitere 225 Mann, die mit 75 Hilfs-, Verwaltungs- und Aufsichtskräften zu einer Bauhof-Crew von 300 Mann werden.

Eine Abschweifung zu π

Das ägyptische Rad tauchte zur Pyramidenzeit noch in einer zweiten merkwürdigen Variante auf. Es ist ja den Pyramidologen - also jenen Menschen, die aus hypergenauen Messungen hypergewagte Schlüsse ziehen (Oskar Riedl bezeichnet sie, wesentlich kritischer als wir, als Pyramidioten, die laut Bob Forrest Pyramythen verbreiten) - schon lange aufgefallen, daß sich aus der Cheopspyramide der Wert für π mit hoher Näherung ableiten läßt. Denn aus zwei Grundseiten, sprich dem halbem Basisumfang und der Höhe errechnet sich mit den oben genannten Zahlen

$$(2 \cdot 230{,}383 \text{ m}) : 146{,}59 \text{ m} = 3{,}143229... \approx \pi$$

Der Pyramidologe Max Eyth hat sich 1902 in seinem Roman 'Der Kampf um die Cheopspyramide' anderer feet-Maße bedient und ein noch besseres Ergebnis erzielt:

$$(2 \cdot 763{,}810 \text{ ft} \approx 232{,}809 \text{ m}) : 486{,}256 \text{ ft} \approx 148{,}211 \text{ m} = 3{,}141596...$$

Sein Ergebnis ist auf fünf Stellen hinter dem Komma identisch mit dem heutigen Wert von $\pi = 3{,}14159265...$ Damit hätten sich die Ägypter haarfein der Quadratur des Kreises genähert, denn der Umfang der Pyramidenbasis entspricht einem Kreis mit der Höhe der Pyramide als Radius.

Aber Eyths Ergebnis offenbart gleichzeitig, daß diese Genauigkeit allein von Messungen an einer Ruine abhängt, wobei eine angeblich mögliche Genauigkeit von weniger als 1 mm fingiert wird [vgl. Fix 243]. Aus wiederum anderen Messungen errechnen sich, wie H. Kracke mitteilt, die Werte $\pi = 3{,}1418...$ oder $3{,}1380...$ Dieser kluge Mathematiker wies außerdem darauf hin, daß sich auch aus einer Herodotschen Angabe ein Wert für π ermitteln läßt. Wenn jede Seitenfläche der Cheopspyramide so groß war wie ein Quadrat mit der Pyramidenhöhe als Seite, dann ergibt die daraus ableitbare Bestimmungsgleichung für π den Wert $3{,}1446...$ (die Rechnung bei Kracke 43f).

Nun kennen wir aus ägyptischen Papyri Näherungswerte für π, die jedoch auch 1.500 und 2.000 Jahre später noch deutlich schlechter ausfie-

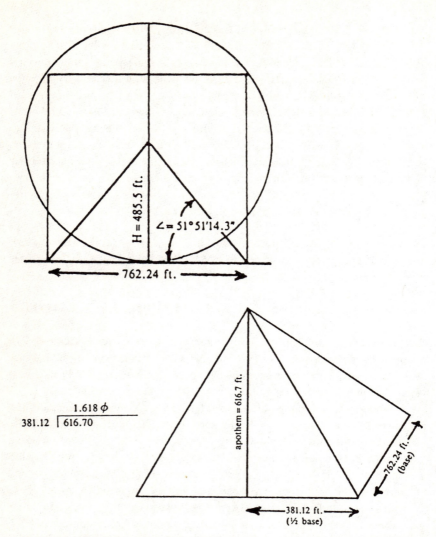

Abb. 51: Elegante und präzise Näherungslösung für die Quadratur des Kreises: Ein Kreis mit Höhe der Cheopspyramide als Radius hat einen Umfang der Länge der vier Basisseiten [von Illig weiterentwickelt aus Lepre 127]

Abb. 52: Das Apothem (Höhe der Seitenfläche) errechnet sich aus der halben Basisseite mit dem Faktor 1,618 des Goldenen Schnitts [Lepre 127]

len. Denn dort wird mit der Näherung $(16:9)^2$ gearbeitet, die 3,16049... ergibt. Daraus schloß manch einer nicht auf die Zufälligkeit der pyramidalen π-Relation, sondern messerscharf, daß die Pyramiden noch viel älter seien und aus einer ganz anderen, noch höheren Kultur stammen müßten. Erst jüngst hat der Geologe Robert M. Schoch den neuerlichen Versuch gestartet, den oder die Sphinx als weiteres Altreichsmonument in eine solch superlativistische Vergangenheit (-7. Jtsd.) zurückzubringen [vgl. Illig 1992b, 7, 69].

Benachbarte Kulturvölker benutzten für π teils bessere, teils schlechtere Näherungen: So hatten sich die Babylonier bis zu dem etwas besseren Wert $\pi = 3 + 1/8 = 3,125$ vorgearbeitet, während die Juden sich lange mit einer glatten 3 zufriedengaben [1 Kö 7,23; Kracke 44].

Der Elektronikexperte T.E. Conolly kam dann auf die Idee, daß die Ägypter nicht mit Meßschnüren, sondern mit Meßrädern ihre Grundrisse auf den Boden übertragen haben könnten [Mendelssohn 70f]. Wenn ein Meßrad mit 1 Elle Durchmesser zum Einsatz kommt, mißt sein Umfang exakt das π-fache einer Elle. So könnte sich ein überraschend exakter Wert für π bei Baumaßen ergeben haben, ohne daß überhaupt auch nur ein Gedanke an π verschwendet worden wäre. Und so hätten die alten Mathematiker noch längere Zeit nicht erkannt, daß sie bereits über Methoden verfügten, π wesentlich exakter zu bestimmen. Doch auch Conolly traf das Verdikt des *Lexikons der Ägyptologie:* "Meßrollen abzulehnen" [Arnold 1984].

Gleichwohl setzten andere Knobler dem Kreis gewissermaßen die Spitze auf, indem sie mit Hilfe von Kreisen zur exakten Form der Cheopspyramide vorstießen:

"Man stelle eine beliebig große Kreisscheibe auf eine ebene Unterlage und rolle sie - von einem fixierten Punkt aus - eine Umdrehung weiter. Am Ende dieser Strecke setze man viermal die Kreisscheibe übereinander...und markiere den höchsten Punkt. Damit ist bereits eindeutig ein Böschungswinkel und eine Pyramidenform festgelegt; man braucht nur diesen höchsten Punkt mit dem anfangs fixierten Punkt zu verbinden...Das Resultat entspricht exakt der Umrißlinie der Cheopspyramide, Böschungswinkel: 51 Grad 52 Minuten!...Zwangsläufig muß dann auch die Kreiszahl Pi in den Proportionen der Pyramide auftau-

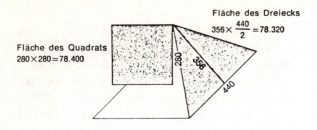

Fläche des Dreiecks
$356 \times \dfrac{440}{2} = 78.320$

Fläche des Quadrats
$280 \times 280 = 78.400$

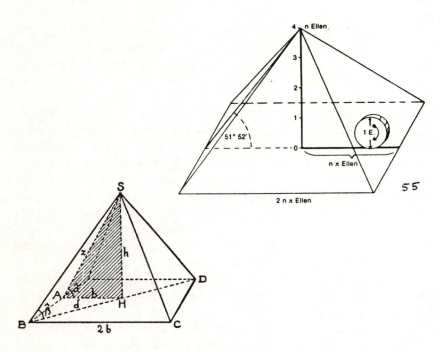

Abb. 53: Cheops-Relation laut Herodot: Die Fläche jeder Seitenfläche entspricht der eines Quadrats mit der Pyramidenhöhe als Seite [Tompkins 210]

Abb. 54: Dreieck für die Pyramidenproportion: Apothem x : Höhe h : halbe Basisseite b. Bei Chephren 5:4:3, bei Cheops 'nur' 17,8:14:11 [Lauer 274]

Abb. 55: Die Seitenrelation der Cheopspyramide ergibt sich direkt mit Hilfe einer Rolle: Eine volle Umdrehung der Meßrolle mit 1 Elle Durchmesser ergibt die halbe Basisseite (3,14159 Ellen), vier Meßrollen übereinander (4 Ellen) ergeben die Höhe. 3,14159 : 4 = 11 : 14 [Mendelssohn 71]

80

chen; denn ihre Breite (also auch Umfang) und Höhe sind ja direkt aus Kreisdaten entstanden, aus Kreisumfang und Kreisdurchmesser. Und dabei spielt es keine Rolle, ob die Ägypter diese Zahl kannten oder nicht" [Ditfurth/Arzt; zitiert nach Drößler 106ff; leider verfehlt die beigefügte Zeichnung die zu beweisende Relation].

Bevor wir in Ehrfurcht erstarren ob der wundersamen π-Konstruktion, sollten wir bedenken, daß der Böschungswinkel des Cheops auch anders und zwar viel einfacher zu gewinnen ist. Üblicherweise legten die alten Ägypter das Verhältnis von Pyramiden-Höhe zur halben Pyramiden-Basislinie in ganzen Zahlen fest. Bei Cheops benutzten sie die Relation 14:11.

Aus ihr ergibt sich unmittelbar der Böschungswinkel 51°50'35' und der 'Näherungswert' für $\pi \approx 3,1428$. Eine nur minimale Änderung der Steigung ergibt den Winkel 51°49'42", der dem Goldenen Schnitt entspricht (halbe Basisseite · 1,618 = Apothem). Für ein bestens angenähertes π schließlich hätte der Winkel 51°51'14" gesorgt [Lauer 276]. Diese drei Winkel gehen bei der praktischen Ausführung ineinander über. Man kann also lediglich darüber streiten, ob der Cheopswinkel zufällig diese drei Relationen erfüllt oder ob ein mathematisches Genie ihn gewählt hat.

Schon die Chephrenpyramide lenkt unsere Wahl auf die erste Möglichkeit. Denn hier entschied sich Architekt oder Pharao für das heilige Dreieck mit der Relation 4:3, das bei weiteren sieben Pyramiden präferiert wurde, während der Cheops-Winkel nur zwei weitere Male auftritt [Schüssler 330]. Insofern wäre die Chephrenpyramide die ägyptischste aller Pyramiden, die ja einst auch den Namen "Die Große" trug. Wie aber wäre diese 4:3-Beziehung, wie wären die Relationen 17:18 (Snofru), 14:9 (Amenemhet III.), 7:6 (Sesostris I.), 7:5 (Snofru), 5:4 (Mykerinos) oder 3:2 (Unas) mit Kreisen, π-Näherungen oder ähnlichen mathematischen Relationen zu erklären? Hier scheitern alle, die auf π schwören.

Wir lernen daraus, daß gerade in der so pedantisch ausgemessenen Cheopspyramide fast alle Relationen auf mehr als eine Art und Weise zu gewinnen sind. Wären alle hineingeheimnißten Relationen gewollt, hätten wir ein durch vielerlei Vorgaben hoffnungslos überdeterminiertes Bauwerk vor uns, bei dem der Architekt überhaupt keinen Freiheitsgrad gehabt hätte

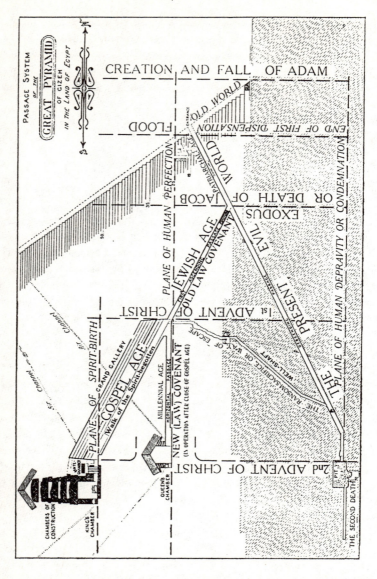

Abb. 56: Das Cheops-Interieur als Repräsentation von Welt- und Heilsgeschichte [Edgar/Edgar 86]

und trotzdem ein geniales Werk schuf. Wir verlassen deshalb diesen Bereich, der so bedenklich rasch zur Pyramidologie hin wegdriftet. Dort wird gleichermaßen bewiesen, daß die Gänge und Kammern der Cheopspyramide die Geschichte der gesamten Menschheit minutiös wiedergeben [Edgar/Edgar 86 mit lesenswertem Gesamttitel], aber auch den Lauf des Nils vom Oberlauf bis zur Mündung nachbilden [Rousseau-Liessens 13-39]. Deshalb verweisen wir auf die zahlreichen Widerlegungen derartiger Funde seit L. Borchardt (unlängst etwa Drößler 1990 101-109).

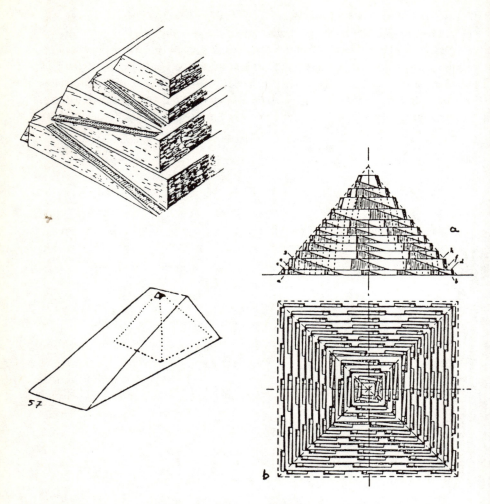

Abb. 57: Petrie's Sandrampe mit mehrfachem Pyramidenvolumen [Goyon 54]

Abb. 58: Die Zickzackrampe von U. Hölscher läßt an den Wendeplätzen keinen
Raum für die Zugmannschaften [Goyon 63]

Abb. 59: Rampenmodell von L. Croon mit vielen kleinen Rampen a) Aufriß
b) Grundriß. Am Rampenende zuwenig Platz für die Schlepper, zu häufiges Überwinden der Haftreibung notwendig [Lauer 259]

Rampen und Maschinen

Bevor sie damit begannen, die bereitliegenden Steinblöcke aufeinanderzu-türmen, haben die Ägypter den Baugrund vorbereitet. Sie glätteten und nivellierten das Terrain mit einer derartigen Präzision, daß die größte Abweichung von der Vertikalen auf rund 240 m Länge lediglich 2,1 cm erreicht [Stadelmann 1990, 252]. Dabei hatten sie in der Mitte einen Felskern noch unbestimmter Größe stehengelassen, der Messungen in der Diagonale verhinderte. Damit nicht genug, wurden Spalten im anstehenden Fels so geschickt mit Steinpropfen verschlossen, daß sie erst 1986 P. Délétie auffie-len [Kérisel 67].

Als das größte Problem beim Pyramidenbau wurde wohl immer gesehen, wie die ungeheuren Mengen an kubikmetergroßen Blöcken in rascher Folge in immer größere Höhen gebracht worden sein könnten. Erklärungen wurden in zwei grundsätzlichen Richtungen vorgebracht, wenn wir von esoterischen Möglichkeiten absehen. Vertreter der einen versuchten Herodots Maschinen zu rekonstruieren, die der anderen hielten sie - seit Diodor - für Fremdenführergeschwätz und entwarfen statt dessen Rampen.

Die Rampe als schiefe Ebene, schwach geneigt zum Heben von Bausteinen geeignet, ist in vielerlei Varianten zur Lösung des Problems vorgeschlagen worden. Wenn allerdings heute noch 'vor Ort' erzählt werden sollte, daß einfach Sand, immer mehr Sand aufgeschüttet worden sei, so wäre das gar zu simpel. Eine bis auf 146 m Höhe anwachsende Sanddüne ist kein geeignetes Fundament für eine Schleppstrecke, auf der tonnenschwere Blöcke bewegt werden, ganz abgesehen davon, daß das gesamte Plateau von Giza unter dem Sand verschwunden wäre (Goyon 52; wir folgen bei den Rampen eine Zeitlang diesem Wissenschaftler, der selbst eine Rampe vorschlug und sich damit in erhebliche Schwierigkeiten ge-bracht hat). Nur Sir Flinders **Petrie** hat einen Sand-Vorschlag ausgearbeitet, der prompt zu einem derartigen Aufschüttvolumen führte, "daß im Ver-gleich dazu das der Pyramide wenig ins Gewicht gefallen wäre" [Goyon 55].

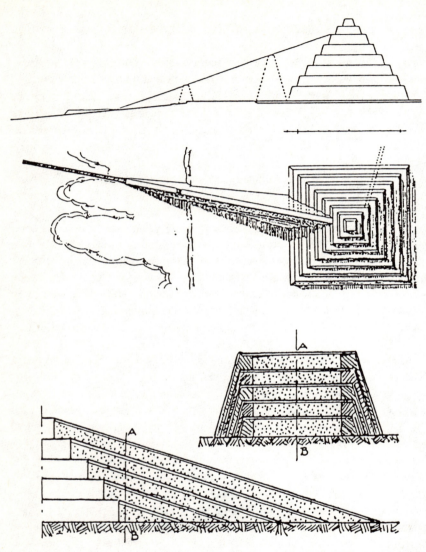

Abb. 60: Rampe von L. Borchardt und L. Croon: steil und riesig [Stadelmann 264]
Abb. 61: Das lagenweise Aufstocken der Borchardt-Croon-Rampe von der Seite und
im Schnitt. Bei jeder neuen Pyramidenschicht braucht die Rampe eine verbreiterte
Basis und eine neue Lauffläche [Goyon 58]

Die gerade Ziegelrampe

Praktikabler im Vergleich zu Sand erscheint die Verwendung von luftge-trockneten Ziegeln. Dafür sprachen sich praktisch alle Archäologen aus (Hölscher, Borchardt, Croon, Engelbach, Lauer, Goyon, Arnold, Stadel-mann). Dieser Lösungsansatz wird durch den bauarchäologischen Befund an der Cheopspyramide nicht gestützt, der keinerlei Rampenreste verzeichnet [Arnold 1991, 98]. Aber solche finden sich an verschiedenen anderen Pyrami-den, auch wenn strittig ist, ob es sich dabei um primäre oder nur um sekun-däre Rampen späterer Zeit handelt [Goyon 52]. Seltsamerweise hat sich gerade an unfertigen Pyramiden kaum ein Rampenrest erhalten. Das fehlen-de Rampenmaterial zeitigte eine ganz seltsame Überlegung:

"Möglicherweise ist das Rampenmaterial immer wieder verwendet worden, solange man neue Pyramiden errichtet hat" [Stadel-
mann 1985, 223].

Hätte es nicht allzuviel sinnlose Arbeit gemacht, 400.000 m³ von Pyramide zu Pyramide zu schleppen, wenn Lehmziegel schon beim ersten Abriß zu Bruch gehen? Wohin wären also die ominösen Rampen verschwunden?

Wohl als erster ließ Uvo **Hölscher** Rampen an einer Pyramide emporwachsen. Sie laufen noch nicht geradewegs auf den Bau zu, sondern schmiegen sich im Zickzack an seine Flanke [Goyon 63]. Man muß sich wundern, wie die Schleppmannschaft die zahlreichen Spitzkehren bewälti-gen konnte. Denn so eine Kolonne braucht nun einmal Platz: Während der Stein sich fast auf der Stelle dreht, müssen die vordersten Schlepper einen Halbkreis absolvieren, dessen Radius 20 und mehr Meter betragen kann. Wendeplätze dieser Größe hat Hölscher nicht vorgesehen; ein Versäumnis, das anderen Rampenkonstrukteuren auch noch Jahrzehnte später unterlaufen sollte.

Louis **Croon** präsentierte 1925 seinen ersten Entwurf. Bei ihm führte eine Vielzahl kleiner Rampen um das innere Quaderwerk der Pyramide herum [Lauer 258f]. Trotzdem benötigte er ein Viertel des Pyramidenvolu-mens an Rampenmaterial [Lauer 260]. Darüberhinaus hätten diese steilen Rampen mit ihren zahlreichen abrupten Richtungswechseln jede Zugmann-schaft in Sackgassen gelockt und zur Verzweiflung gebracht.

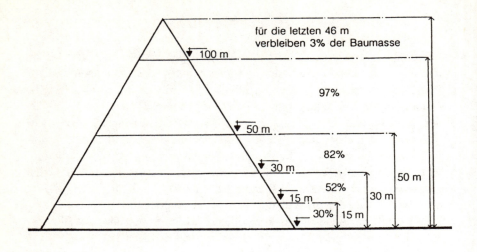

für die letzten 46 m
verbleiben 3% der Baumasse

100 m

97%

50 m

82%

30 m

52%

15 m

30%

50 m

30 m

15 m

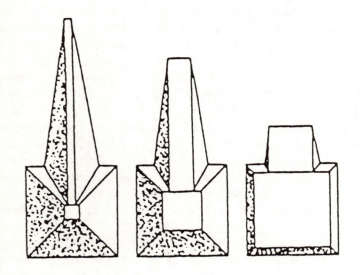

Abb. 62: Baumassenverteilung bei der Cheopspyramide [Stadelmann 1990, 261]
Abb. 63: Rampe von J.-P. Lauer. Zwar muß auch bei ihr die Laufläche bei
jeder Schicht erhöht werden, aber sie bräuchte keine ständig verbreiterte
Basis [Stadelmann 1990, 261]

88

Danach beteiligte sich Croon an den Projektierungen des Ägyptologen Ludwig **Borchardt**. Der schlug für Snofrus Pyramide von Meidum eine Lehmziegelrampe vor, die geradewegs auf die Mitte einer Pyramidenseite zuläuft. Übertragen auf die Cheopspyramide hätte er eine temporäre Hilfs- konstruktion - denn die Rampe muß also solche ja auch wieder abgebaut werden - von 3.332 m Länge in die Welt gesetzt [Goyon 57]. Wer nicht ohnehin vor dem damit verbundenen Volumen erschrickt, muß auch noch zwei andere Unmöglichkeiten akzeptieren: Die Rampe würde den 660 m entfernten Nilkanal zuschütten und weit hinter ihm endigen. Und eine derar- tige Rampe müßte nach jeder fertigen Steinlage der Pyramide auf ihrer ganzer Länge gleichmäßig erhöht werden. Das bedeutet für den gesamten Zugweg nicht nur jedesmal eine Erhöhung der Gleitbahn, sondern auch breitere Böschungen oder Abstützungen. Also 200malige Erneuerung und Erhöhung, obwohl der Transport möglichst keine Minute behindert werden durfte. Louis **Croon**s Rampenschnitte machen deutlich, wie aufwendig auch dieser Rampenbau geworden wäre und wie unlösbar das Problem war, den Ziehweg während der laufenden Transportarbeiten ebenso laufend zu erhöhen.

Abhilfe versprach sich der Ägyptologe Jean-Philippe **Lauer** durch eine Rampe, die den mit wachsender Höhe sich ändernden Anforderungen entsprechen sollte. Denn der Bedarf an Steinblöcken nimmt mit wachsender Höhe sehr rasch ab. Lauer gibt die Beispielsrechnung: Bilden 64.000 Blöcke die Basisschicht, dann braucht es in halber Höhe nur noch 16.000 Blöcke und in einer Höhe von 7/8 nur mehr 1.000 Blöcke für eine Schicht. Je höher der Bau wächst, desto weniger Steine müssen hinaufgewuchtet werden [Lauer 254]. Noch deutlicher hat das Stadelmann klargestellt. Schon bei 15 m Höhe war mehr als ein Drittel, schon bei 30 m mehr als die Hälfte des Volumens der Cheopspyramide verbaut, über die 100 m-Marke hinaus, also für die restlichen 46 Höhenmeter, sind nur noch 3 % der Baumasse anzuheben [Stadelmann 1990, 261].

Lauer schlägt deshalb eine Rampe vor, die sich von anfänglich 70 m sukzessiv bis auf 2,50 m Fahrbahnbreite reduziert. Er muß deshalb im Gegensatz zu Croon und Borchardt die Rampe nicht bei jeder Erhöhung auch verbreitern. Trotzdem bleibt das Rampenmaterial mehr als respekta- bel: Je nach Steilheit und Basisbreite ergeben sich 500.000 bis 1 Mio. cm³.

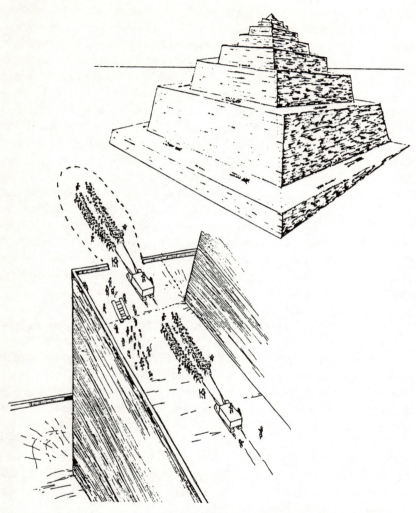

Abb. 64: Wendelrampe von G. Goyon, das bis heute gängigste Rampenmodell.
Nachteile: zu enge und nach oben hin zu viele Kurven, Vermessung und Rampen-
konstruktion kaum möglich [Goyon 64]

Abb. 65: Transport eines großformatigen Blockes [nach Goyon 162]. Die von den
Autoren einmontierte Schleppmannschaft findet in den Kurven keinen Platz.

Das heißt, 1/5 bis 2/5 des Pyramidenvolumens wären zusätzlich als Rampe verbaut und wieder abgerissen worden [Lauer 258]. Hätte Lauer so flach gebaut, wie es Goyon fordert, hätte sein Rampenbau wohl dem Gesamtvolumen der Pyramide entsprochen. So steht all diesen Vorschlägen entgegen: Das Bauvolumen für die Rampe ist zu riesig, und die Rampe kann nicht gleichzeitig befahren und ständig erhöht werden.

Wendel- oder Schneckenrampen

Um dem abzuhelfen, wurde wiederholt eine schneckenförmige Rampe vorgeschlagen. Erstmals wohl durch Moses B. **Cotsworth**, der sich ansonsten als Kalenderspezialist betätigte und den irr-witzigen Vorschlag machte, mit einer vorab hochgezogenen Pyramidensüdwand alle weiteren Arbeiten in ihrem Schatten stattfinden zu lassen [Riedl o.J., 66ff]. 1935 erwähnte einigermaßen nebenbei der Archäologe N.F. **Wheeler** die sich wendelnde Rampe. Hatte Cotsworth zwei Wendeln um die Pyramide laufen lassen, schlugen 1951 T.B. **Pittmann**, Dows **Dunham** und Walter **Vose** als sogenannte **Boston-Lösung** vier Rampen von den vier Ecken vor [Goyon 64].

Georges **Goyon** hat dann versucht, die **Wendelrampe** praktikabel zu machen. Denn ihn störten die bislang vorgeschlagenen Rampensteigungen. Er schlug eine Steigung von lediglich 3 Fingern, d.h. von 5,6 cm auf 1 m vor, wußte aber, daß dies zu einer Rampenlänge von 2.607 m führen würde [Goyon 57]. Außerdem mißfiel ihm ein nutzbarer Ziehweg von nur rund 3 m Breite [Goyon 64]. Deshalb hüllte er die Pyramide in eine einzige Rampe ein, deren Vorderende sukzessive nach oben wächst und somit keine ständig erneuerten Fahrbahndecken benötigt. Goyon spricht von einer mittleren Ziehwegbreite von 14 m (abnehmend von 24 auf 6 m; Goyon 128) und hebt hervor, daß das Gefälle bewältigbar bleibe und das Giza-Plateau durch keine Riesenrampe blockiert werde. Dafür muß er einen gravierenden Nachteil in einen Vorteil ummünzen, indem er verkündet:

"Es ist das einzige System, das die von der Spitze der Pyramide
aus beginnende Glättung möglich macht" [Goyon 65].
So ignoriert er zwar Herodots Maschinen, nicht aber die von ihm berichtete Glättung von oben nach unten.

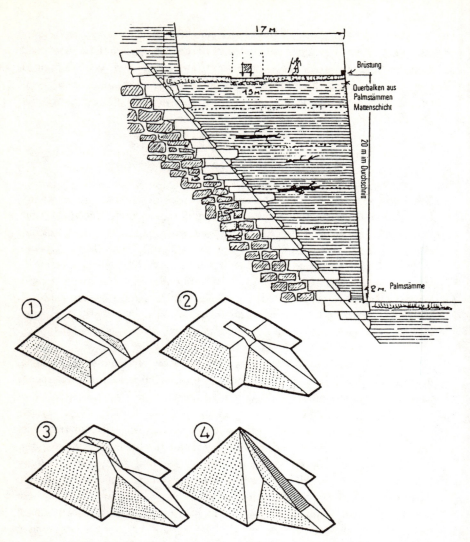

Abb. 66: Innenleben der Goyon'schen Wendelrampe. Doch 20 m hohe
Lehmziegelrampen auf schrägem Untergrund brauchen bei ständiger Durch-
feuchtung und hohen Belastungen ein ganz anderes Innenskelett [Goyon 151]
Abb. 67: Innenrampe von D. Arnold. Die Wendeplattform ist viel zu klein,
die Abschlußrampe viel zu steil [Edwards 267]

In Wahrheit hat er sich ein fast unlösbares Problem dadurch eingehandelt, daß die Pyramide vollständig von der Rampe umhüllt ist. Diese Rampenhülle hat immer noch sehr viel Volumen, nämlich fast 400.000 m³, also ein Sechstel des Pyramidenvolumens [Goyon 128, 148], und verdeckt die Oberfläche der Pyramide vollständig. Damit ist aber auch die Vermessung des Baus mehr als schwierig geworden, fehlen doch mit den vier Basiseckpunkten die Bezugsgrößen für Längen-, Breiten- und Höhenmessungen. Dies stört gleich doppelt. Zunächst werden die Kanten des Kernbaus kurz nach ihrer Errichtung durch die Rampe verdeckt, was die Vermesser sehr schmerzt. Wenn dann die verhüllende Rampe sukzessiv von oben nach unten abgetragen wird und die Verkleidung samt messerscharfen Eckgraten installiert werden soll, ist ihre Feinjustierung wegen der verdeckten Basispunkte verunmöglicht. Goyon muß das doppelte Problem im wesentlichen auf sich beruhen lassen und vertraut - in seinen Worten: "wie dem auch sei" [Goyon 188] - auf Einfallsreichtum und Präzision der alten Ägypter.

Spätere Kritiker wie O. **Riedl** haben dem Goyonschen Modell gerade diese mangelnde Vermeßbarkeit angelastet und obendrein zu Recht gerügt, daß die Zugmannschaften weiter oben einfach nicht mehr 'die Kurve gekriegt' hätten. Denn wenn die vorderste Reihe einer Zugmannschaft zur Seite geht, ändert der gezogene Stein 10, 20 oder 40 m dahinter bereits seine Richtung [Riedl o.J., 77]. So müßten bei einer Fahrwegsbreite von kaum mehr als 6 m die Schlepper fliegen können, oder sie müßten den Stein in jeder Kurve mit großen Hebeln mühsam herumbugsieren. Das läßt wiederum die rasche Aufeinanderfolge der Zugmannschaften nicht zu. Weil die Steinschlitten leider keine Gepäckkarren mit klug gelagerter Vorderachse sind, die auch in langem Konvoi auf schmalen Bahnsteigen Spur halten, bliebe die schöne Rampe auf ihren oberen Wendelungen, die ja immer rascher aufeinanderfolgen, mit Sicherheit unbenutzt.

Trotzdem endigt die so unbefriedigende Rampologie keineswegs mit Goyon, im Gegenteil. Gleich zwei populäre Bücher, die uns mit vielen Illustrationen in den Alltag einer Pyramidenbaustelle einführen wollen, bringen trotz ihrer Unmöglichkeiten nach wie vor die Wendelrampe als der Weisheit letzten Schluß [Macaulay seit 1983, Morlay 1992]. Und 1993 wird sogar die Vierfachrampe à la Boston - wenn auch zweifelnd - aus der Requisitenkammer geholt [Sülberg 109].

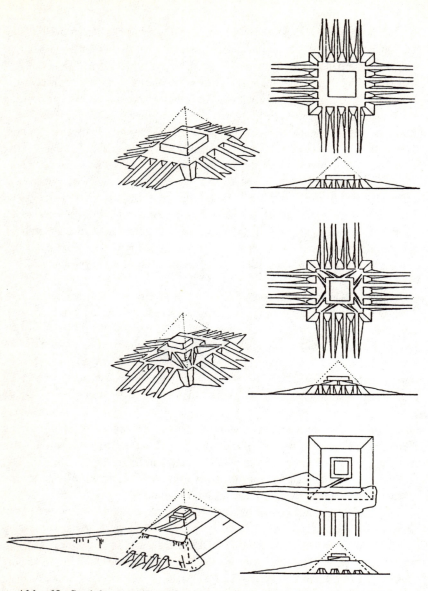

Abb. 68: Stadelmanns Kombirampenmodell: Erste Phasen mit 16 Start-rampen, 8 Zwischenrampen und großer Seitenrampe [Stadelmann 1990, 267]

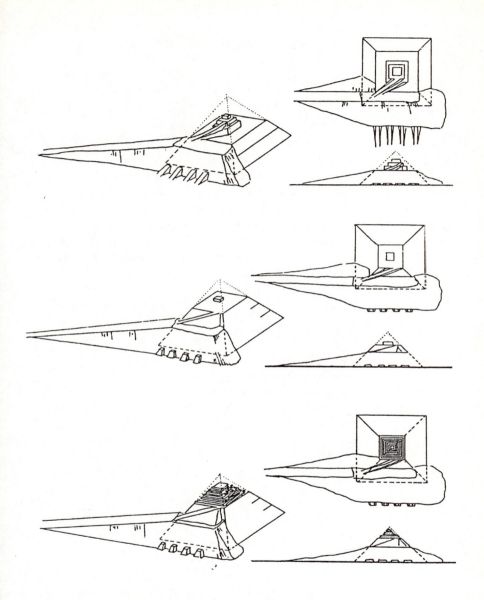

Abb. 69: Kombirampenmodell von R. Stadelmann. Bau des obersten Drittels mit Flankenrampe und Zickzackrampen [Stadelmann 1990, 268]

Innenrampen und Kombimodelle

Noch für Rainer **Stadelmann** [1990, 261] ist es "einleuchtend", daß die Steine bis zu zwei Drittel der Höhe nur über Rampen eingebracht und verlegt werden konnten. Allerdings verwirft er die einzige rechtwinklig auf eine Pyramidenflanke hinführende Rampe genauso wie die Spiralrampe [Stadelmann 1985, 220f; 1990, 263]. Auch das spezielle Modell von Dieter **Arnold** läßt er für die Cheopspyramide nicht gelten. Arnold schlug für Pyramiden des Mittleren Reiches eine raffiniert geführte **Innenrampe** vor, die in den Baukörper eindringt, um in einer Höhe von ca. 60 m zu wenden und so bis auf rund 90 m Höhe zu gelangen. Doch stehen dieser Konstruktion bei Cheops die vielfältigen Innenbauten 'ganz massiv' entgegen [Stadelmann 1990, 265]. Arnold selbst hat inzwischen "alle theoretischen Systeme, die bislang vorgeschlagen wurden, als reine Imagination verabschiedet", die eigenen nicht ausgenommen [Arnold 1991, 98].

Stadelmann hingegen hat unmittelbar davor ein phantasievolles **Kombimodell** angeboten: Bis zu 20 m Höhe steigen 16 Rampen von allen Seiten aus an. Nun folgt der Übergang zu einer Art turmartiger Stufenkonstruktion mit kleinen Zickzackrampen. Dann entsteht eine große Rampe, die sich an eine Pyramidenseite anlehnt und bis auf 100 m Höhe reicht. Die eigentliche Spitze wird dann wiederum über eine Zickzackrampe erschlossen [Stadelmann 1990, 268f]. Ein skeptischer Zeitgenosse wird sich allerdings an den Kopf greifen, wenn er sich das Gesamtvolumen all dieser Rampen vorstellt, die abwechselnd aufgetürmt und wieder abgerissen sein wollen. Hinzu kommt, daß Stadelmann durchaus weitere Hilfsmittel einführt. So sieht er dicht unter der Pyramidenspitze doch Herodotsche Maschinen im Einsatz, läßt Ochsen auf steileren Rampen ziehen und schließt den Flaschenzug keineswegs aus [Stadelmann 1990, 265]. Hier ist die Ägyptologie unter dem Druck pyramidaler Unmöglichkeiten progressiver, als wir es uns gestatten.

Die jüngste Variante hat der Ingenieur Herbert **Pitlik** 1992 vorgeschlagen. Ihm sind hohe Außenrampen suspekt, weshalb er sich oberhalb einer Höhe von 14 m Transportrampen nur noch innerhalb des Baukörpers vorstellen kann [Pitlik 1992b, 84]. Seine Rampensteigungen liegen drastisch höher, weil er, wie oben erwähnt, die Blöcke per Gangspill von acht Mann hochwinden läßt. Seinen 35 cm Höhengewinn je laufenden Meter stehen jene 5,6 cm gegenüber, die Goyon für seine Rampen angesetzt hat [Goyon 145]. Das Gangspill hat den Vorteil, daß es grundsätzlich auch enge Wendungen gestattet. Allerdings müßten dann bei geringer Kurvenbreite zwei oder drei Gangspills hintereinanderpostiert und die Steinblöcke nach kaum meterlanger 'Fahrt' schon wieder umgespannt werden. Nachdem die Haftreibung deutlich höher als die Gleitreibung ist, müßten die Männer an den Gangspills beim wiederholten 'Anfahren' Schwerstarbeit leisten.

Wir erinnern an unsere obige Aussage, derzufolge das Gangspill nicht in der ägyptischen 'Bau- und Kulturlandschaft' unterzubringen ist, und fassen kritisch zusammen: Alle Rampenbauwerke haben ein allzugroßes Volumen, weshalb schon in Diodor erstem Buch wie auch bei Plinius zu lesen ist, daß die Rampe aus Salz und Salpeter bestanden habe und somit leicht durch Nilwasser aufgelöst werden konnte [Goyon 189]. Unerwähnt blieb bei den Alten lediglich, wo 400.000 m³ Salz und Salpeter hätten herkommen sollen. Die gerade Rampe stört den Bau der Nebenanlagen und würde kilometerweit über Taltempel, Hafen und Kanal hinausragen, wenn sie nicht aufs Plateau beschränkt und dort in einer ganz andere, nilferne Richtung geführt würde. Die Schneckenrampe verunmöglicht nicht nur die Vermessung, sondern ist in ihren oberen, engeren Windungen von den Zuggespannen nicht mehr passierbar. Alle Kombimodelle machen wiederum den Eindruck, als ob sie besser niemals in der Praxis ausprobiert werden sollten. Und es bleibt unbegreiflich, warum 'Maschinen' - bei R. Stadelmann bis hin zu Flaschenzügen - nur in Höhen über 100 m funktionieren sollten.

Am dramatischsten freilich ist jedoch der Bau der Rampe selbst. Wie befestigt man eine über 100 m hohe, steile Rampe? Nachdem selbst eine Steinpyramide zum "Zerfließen" neigt, wie Mendelssohn ausgeführt hat [Mendelssohn 91], ist diese Gefahr bei luftgetrockneten Ziegeln und untermengtem Stroh ungleich größer. Es bedürfte also immenser Verstrebungen an ihren Flanken. Eine Spiralrampe bräuchte senkrechte Stützmauern auf sehr schräger Fundierung; das verlangt komplexe Innenstrukturen, die den Charakter einer temporären Hilfskonstruktion weit hinter sich ließen. Erschwerend oder besser gesagt 'aufweichend' kommt noch eines hinzu.

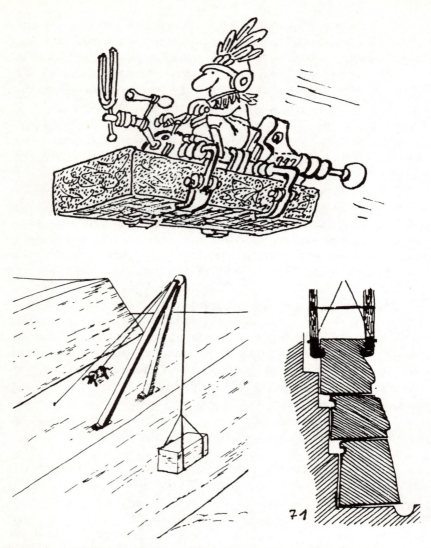

Abb. 70: Vorschlag Jean-Jacques Loups für den Bau mexikanischer Pyra-
miden, stellvertretend für alle Traumlösungen [Zeichnung Illig nach J.-J. Loup]
Abb. 71: Hubsystem nach U. Hölscher [Goyon 49]
Abb. 72: Der von Ägyptologen immer abgelehnte Bockkran [Goyon 47]

Praktisch alle Rampologen gehen davon aus, daß die Gleitbahn angefeuchtet worden ist. Diese Vorstellung wird durch die Darstellung eines Statuentransportes gestützt, bei der mehrere Mann Wasser oder eine andere Flüssigkeit in Krügen herbeischleppen und vor den Zugschlitten gießen. Aber wie stabil bleibt eine 40 m hohe Lehmmauer, auf die unaufhörlich Wasser gegossen wird, weil gemäß den Berechnungen jede Minute ein Gespann nachrückt. Dieser Lehmbau käme nie über seine Anfänge hinaus, weil aus den Lehmziegeln allzuschnell ein Lehmbuckel und dann ein zerlaufender Lehmbrei würde [Riedl o.J., 78]. Und wie präsentiert sich eine Zugmannschaft auf nassen Lehm? Man stelle sich 20 bis 30 in feuchtem Lehm herumrutschende, ausgleitende, ja stürzende Männer vor und hinter ihnen der völlig unkontrolliert sich bewegende, weil unlenkbare Schlitten mit dem schweren Stein. Wir sind überzeugt, daß ein solches Experiment nur ein einziges Mal versucht worden wäre. Spätestens an diesem Punkt kommt nicht nur jede Rampe, sondern auch ihre zugehörige Theorie ins Rutschen und Stürzen.

Einschränkend muß natürlich angemerkt werden, daß mit dieser Feststellung keineswegs jegliche Rampen geleugnet werden, wie sie sich teils rudimentär vor Ort finden (z.B. Meidum), teils in Schriften genannt werden. So spricht der Papyrus Anastasi I. von einer 730 Ellen langen Rampe [Lauer 263]. Aber auch eine solche Länge von rund 370 Metern ist noch kein Beweis dafür, daß jemals kilometerlange Rampen von 80, 100 oder 140 m Höhe gebaut worden wären. Genausowenig darf aus den 600 und mehr Metern langen, massiv-steinernen und 'auf Ewigkeit' ausgelegten Aufwegen auf himmelhohe Rampen aus hinfälligen Lehmziegeln geschlossen werden. Wir selbst ziehen niedrige Rampen in Erwägung, mit denen die ersten 10 oder 15 Höhenmeter an der Pyramide bewältigt worden sein könnten.

Schlichte Hebegeräte

Nun hatte ja schon Herodot den Weg gewiesen, daß es auch ganz ohne Rampe gehen könnte, wenn man seine ominösen Maschinen einsetzt. Der Architekt Uvo **Hölscher** entwarf 1912 eine Art Hebezeug, dem gewisse Befunde entsprachen. Nachdem er an den Granitverkleidungssteinen der

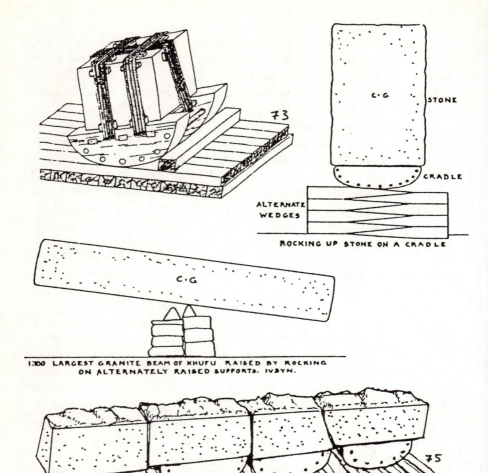

73

C·G
STONE

CRADLE

ALTERNATE
WEDGES

ROCKING UP STONE ON A CRADLE

C·G

1:100 LARGEST GRANITE BEAM OF KHUFU RAISED BY ROCKING
ON ALTERNATELY RAISED SUPPORTS. IVDYN.

75

Abb. 73: Schaukelaufzug oder Kippschlitten von A. Choisy und G. Legrain. Der eingezeichnete Querbalken verhindert jedes weitere Hochschaukeln [Goyon 45]

Abb. 74: Nur Petries Schaukelhilfen funktionieren [Petrie nach Ceram 1957, 172]

Abb. 75: Uminterpretation des Schaukelaufzuges, der uns bereits als Rollstein begegnet ist, durch S. Clarke und R. Engelbach zur Einpaßhilfe. Allerdings ist gerade das Einpassen der Blöcke erst möglich, wenn die Blöcke von den Kreissegmenten heruntergenommen worden sind [Goyon 154]

Chephrenpyramide starke Einkerbungen und im zugehörigen Taltempel zylindrische Bodenlöcher von 25 cm Durchmesser und Tiefe entdeckt hatte, ließ er in diesen Löchern Balkengerüste stehen, von denen aus die Blöcke mit einem kunstvollen System gehoben worden sein könnten. Doch die Ägyptologie verweigerte sich dieser Idee, weil dafür Umlenkrolle, Winde und Stahlhaken notwendig waren, drei Dinge, die dem alten Ägypten nicht zugestanden werden [Goyon 48]. Aus denselben Gründen wurde auch ein alt-ägyptischer **Hebekran** immer mit Vehemenz zurückgewiesen [Goyon 47].

Als nächste haben dann A. **Choisy** und G. **Legrain** einen Fund Champollions aus dem frühen 19. Jh. als Hubinstrument interpretiert. Es handelt sich dabei um das bereits angesprochene hölzerne Kreissegment. Legrain packt jeden Block auf zwei solche Holzsegmente und will ihn wie eine Wippe benutzen: Block nach links geschaukelt, rechts eine Unterlage darunter. Nun nach rechts gezerrt und links einen größeren Balken unterge-legt usw usf. Diese Methode wird als **Kippschlitten** [Lauer 246] oder als **Schaukelaufzug** [Goyon 45] bezeichnet. L. Croon wandte sich schon 1925 gegen diese Idee, bei deren Ausführung ein Wippender allzu schnell merken würde, daß er sehr wohl den Block bei jeder Schaukelbewegung kräftig anheben müßte; nur beim allerersten, halben Wippen würde die Schwerkraft elegant besiegt. S. Clarke und R. Engelbach interpretierten 1930 diese Wippen dann um in **Ausrichthilfen**, mit denen Blöcke vor Ort in Position gebracht werden konnten [Lauer 251]. Gleichwohl scheint sie der Ägyptologe Arnold 1984 erneut präsentiert, doch nicht verbessert zu haben [Riedl o.J., 82f sowie Anonym, 1984].

Viel besser wären die Hubhilfen gewesen, die Sir Flinders **Petrie** entworfen hat [Petrie 1938; Goyon 45]. Bei ihnen müssen die Blöcke wirklich nur gewippt, nicht wie bei den 'Kippschlitten' angehoben werden (zumin-dest wie bei Goyons Illustration mit dem blockierenden Balken). Gleich-wohl wäre mit ihnen allein kein Staat zu machen respektive keine Pyramide zu bauen, denn allzurasch und allzuoft müßten Petries Stützen verstärkt werden.

Louis **Croon**, der alle Rampen nach Durchführung seiner Berechnun-gen verwarf, hat 1925 auch ein Alternativmodell entwickelt, indem er auf

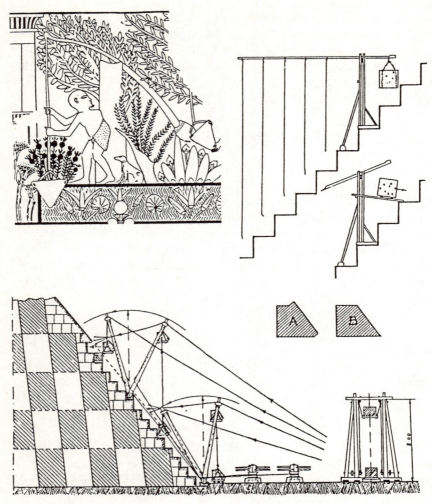

Abb. 76: Ägyptischer Schaduf mit dreieckigem Schöpfer und einem Gegengewicht, das vom nächsten Schöpfer teilweise verdeckt wird; aus dem thebanischen Grab des Ipy, 19. Dyn. [Kempp 12]

Abb. 77: Schadufähnlicher Hebekran von L. Croon [Stadelmann 1990, 248]

Abb. 78: Bockkräne für die Verkleidungssteine, die gemäß H. Strub-Roessler vom Boden aus mit Gangspills bewegt werden [Tompkins 240]

den alten ägyptischen **Schaduf**, den Wasserschöpfer zurückgriff. Mit diesem Gerät wird noch heute Wasser zur Verteilung gebracht. An einer senkrechten Stange ist ein Querbaum beweglich befestigt und am kürzeren Ende mit einem Gewicht versehen. Am anderen Ende hängt das Wasserbehältnis. Nun kann man den leeren 'Eimer' zu Wasser lassen, indem man den - als längeren Hebel dienenden - Querbaum senkt, um ihn dank des Gegengewichts auch bei gefülltem 'Eimer' leicht hochheben und das Wasser in die höherliegenden Bewässerungskanäle verteilen zu können. Croon konstruierte nun einen portablen Schaduf, der, genauso wie Herodot beschrieb, einen Block um jeweils eine Stufe anheben konnte. Der Schaduf selbst mußte dann auf die nächste Stufe gebracht werden usw usf [Goyon 49f]. Dieses "und so fort" scheitert jedoch an den hundertfachen Umladungen der zahllosen Steine, die jeden Tag verlegt werden müßten (355 Kubikmeter am Tag; Lauer 50). 1970 plädierte der Ingenieur Olaf **Tellefsen** erneut für diese Methode, ohne auf Resonanz zu stoßen [Tompkins 249].

Bockkräne und Transportbühnen

1952 trat dann H. **Strub-Roessler** auf den Plan. Er baute herodotgemäß die Verkleidung von oben nach unten, indem er die dafür notwendigen Steine mit großen hölzernen **Bockkränen** hochhievte. Diese Bockkräne konnten geneigt werden, um die Steine nicht nur hochzuziehen, sondern auch - schließlich ist die Pyramidenflanke schräg - nach 'vorne oben' zu schwenken. Für diese Arbeiten schlug er das schon beschriebene Gangspill vor. Am Boden postiert, sollten über äußerst lange Seile die Bockkräne selbst weit oben noch bewegt werden. Die Ägyptologen blockten aber bereits wegen der Gangspills ab, die so gar nicht der Pyramidenzeit entsprechen wollen [Goyon 51f]. Nachdem sich kein Verkleidungsstein fand, der in der speziellen, von Strub-Roessler geforderten Weise behauen war, kam diese Idee endgültig zu Fall.

Gerade das Spill, also im Grunde die schlichte Seilwinde, feiert bei einem jüngeren Entwurf fröhliche Urständ. Oskar **Riedl** benutzt es bei seinem originellen Entwurf. Nachdem ihm größere Rampen in jedem Sinne als nicht haltbar erschienen, überlegte er sich eine weitere Herodotsche

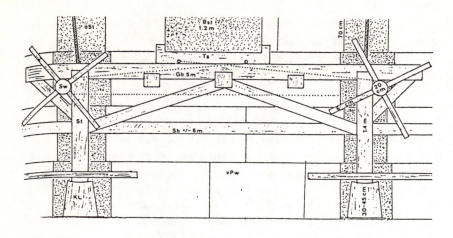

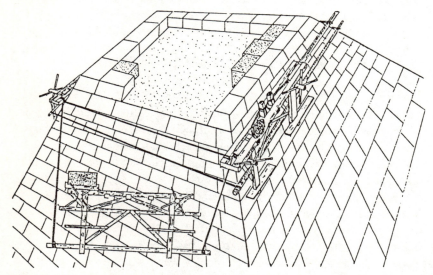

Abb. 79: Hebe- und Transportbühne von O. Riedl in Vorderansicht. Erkennbar sind beide Spills an der Bühne, die wiederum von oben mit zwei
weiteren Spills hochgezogen wird [Riedl 179]

Abb. 80: Beim Spitzenausbau ziehen zwei Transportbühnen eine dritte an der
Flanke nach oben. Dargestellt ist eine schiefgestelle Bühne, auf der nun der
Stein nach rechts gezogen wird [Riedl 195]

Maschine. Auch er arbeitet mit der schiefen Ebene, aber in ganz anderer Weise: Jetzt dient die steil aufragende Pyramidenseite als schiefe Ebene, an der **Transportbühnen** aufgehängt werden. Aber diese Bühnen werden nicht einfach hochgezogen, sondern auf und mit ihnen spielt sich eine sehr umständliche Prozedur ab.

Die Transportbühne hängt an zwei Seilen, die von der Höhe des Pyramidenstumpfs aus mit zwei Gangspills hochgezogen werden. Sie selbst ist links- und rechtsaußen mit je einem senkrechten Gangspill ausgerüstet.

Lassen wir einen Block zunächst links auf der Transportbühne liegen. Nun wird diese rechts, wo sie entlastet ist, mit Gangspill Nr. 1 ein Stück hochgezogen. Die schief hängende Transportbühne bildet jetzt selbst eine schiefe Ebene. Auf ihr wird der Block nach rechts mit einem Gangspill der Transportbühne (Nr. 2) hinaufgezerrt. Anschließend wird die jetzt links unbelastete Transportbühne durch Gangspill Nr. 3, das oben auf dem Pyramidenstumpf steht, hochgezogen. Schließlich wird der Block auf der Transportbühne nach links hochgezerrt; das leistet Gangspill Nr. 4, ebenfalls Teil der Transportbühne [Riedl o.J., 181]. Nach diesem ersten 'Viertaktverfahren' hätte der Block erst wenige Höhenmeter zurückgelegt.

Das von Riedl vorgeschlagene Spill ist einfach konstruiert. Oben auf dem Pyramidenstumpf stehen keine Winden mit gebohrter Mittelachse, Lagerschalen etc, sondern Geräte mit einem einfachen Rundholz, das gegen Querbalken gelegt wird [Riedl o.J., 164].

"Von ihrer Konstruktion her, die sich völlig unkompliziert zeigt, stoßen die so dargestellten Seilwinden nur noch auf geringe Ablehnung unter den Fachgelehrten" [Riedl o.J., 167].

Diese Aussage galt für das freundliche Schulterklopfen einiger Ägyptologen wie R. Stadelmann oder G. Thausing [Riedl o.J., 7f], sollte aber keine Gültigkeit behalten. Das *Lexikon der Ägyptologe* äußert 1984 seine Kritik apodiktisch kurz: "absurd" [Arnold 1984]. Der anfänglich lobende Stadelmann stellte einige Jahre später fest, daß man

"mit den von Riedl ersonnenen Hebebühnen [...] bestenfalls einige Steine pro Tag [hätte] hochtransportieren können, jedoch keine 2,5 Millionen Blöcke, abgesehen davon, daß diese Art Schaukeln zu unzähligen Unfällen hätten führen müssen" [Stadelmann 1990, 275].

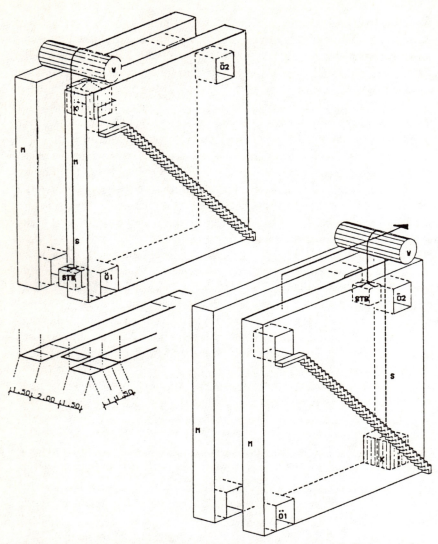

Abb. 81: Der Schrägaufzug von F. Abitz. Dargestellt sind zwei Beförderungspha-
sen: Zunächst ist der Steinblock unten, der Förderkorb für die Fellachen einstiegs-
bereit am oberen Ende der Treppe; dann hängt der Stein 10 m weiter oben und 10 m
weiter vorn, während die Fellachen am Fuß der Treppe aussteigen [Abitz 67]

Diese konkrete Kritik an Riedls Vorstellungen ist angebracht. So baute er - gegen seine eigenen Worte - in die Modelle seiner Transportbühnen keine primitiven, sondern sehr ordentlich gearbeitete Spille ein, die aus Platzmangel nicht waagrecht, sondern senkrecht gedreht werden müssen [Riedl o.J., 166, Photos auf S. 140]. Das hätte ihren Einsatz beträchtlich erschwert. Denn maximal zwei 'Dreher' könnten sich mit ihrem Eigengewicht an die Sprossen auf der einen Seite hängen; doch die auf der anderen Seite müßten nach oben drücken, was viel zu anstrengend wäre. Für nur zwei Mann aber wäre diese Dauerbelastung nicht vorstellbar. Dies umso weniger, als keine Last weiter als 5 oder 6 m bewegt worden wäre und das ständige 'Anfahren' gegen die Haftreibung auf der schiefen Ebene noch viel schwerer wäre als stetiges Weiterbewegen.

Das zeit- und kräfteraubende Spiel an vier Gangspills müßte auf bis zu 80 Bühnen, sprich an 320 Gangspills gleichzeitig durchgeführt werden [Riedl o.J., 184]. Das Bild von 20 Arbeitsbühnen und 80 Spills an jeder Pyramidenseite wirkt für das alte Ägypten mehr als befremdlich. Ginge es nicht auch ohne schwankende Transportbühnen und ohne Gangspills?

Der Schrägaufzug

Hierzu hat jüngst Friedrich **Abitz** einen **Schrägaufzug** vorgeschlagen [Abitz 1992]. Darunter versteht er zwei parallele Ziegelmauern von rund 12 m Höhe, auf denen eine mächtige Holzwalze von 1,5 m Durchmesser frei läuft. Die Hubarbeit läuft so ab: Ein Steinblock wird an ein Seil geknüpft, das über die Walze gelegt und an einen Förderkorb angeschlagen wird. In ihn steigen 20 Männer ein, die jeweils einen Zentner Ballast mitschleppen. Damit ist das Gesamtgewicht des Förderkorbes groß genug, um sich zu senken und den Stein um 10 m hochzuheben.

$$20 \text{ [Mann]} \cdot (70 + 50) \text{ kg} + 100 \text{ kg [Förderkorb]} = 2,5 \text{ t}$$

Weil durch diese Bewegung die große Walze auf ihren Mauern ins Laufen gebracht würde, käme der Stein gleichzeitig um 10 m nach vorn. Dieser in einem Winkel von 45° wirkende Zusatzeffekt würde die Schräge der Pyramide in etwa ausgleichen.

Nunmehr müssen bis zu 17 derartiger Schrägaufzüge hintereinandergeschaltet werden, um die Höhe bis zur Pyramidenspitze zu bewältigen. Abitz hat eine Berechnung vorgelegt, derzufolge die gesamte Pyramide binnen 18,5 Jahren mit 125 derartigen Schrägaufzügen errichtet werden konnte, die allesamt auf einer Seite positioniert worden wären. Megalithblöcke, die über 10 t hinausgehen, sind von diesem Transportsystem ausgeschlossen. Sie müssen bei Baubeginn auf der Pyramidengrundfläche bereitliegen, um dann ganz mühselig in kleinsten Hüben hinaufgehebelt zu werden. Diese Methode ist sehr unbefriedigend. Denn wenn auch nur ein Großstein bei dieser Hebelei (70 m Höhe!) bricht, gäbe es keine Möglichkeit mehr, Ersatz auf den Pyramidenstumpf hinaufzubringen.

Weitere Kritik provoziert die Konstruktion der Schrägaufzüge an bzw. in der Pyramide. Schließlich verlangen diese Schrägaufzüge Schlitze im Pyramidenkörper von bis zu 12 m Tiefe. Diese Schlitze sind auch nicht gerade schmal, weil schließlich der Schrägaufzug insgesamt 3 m starke Mauern hat und der Förderkorb mit Führungen ebenfalls fast 2 m breit ist [Abitz 66]. Nicht zuletzt braucht die Mannschaft Platz zum Aussteigen und zum Wiederhinaufgehen. So wären die fraglichen Schlitze nicht nur 12 m tief, sondern auch noch 6 m breit (Abitz will mit 5 m auskommen; S.72). Schlitze derartiger Größe nachträglich zu schließen, könnte die Statik der Pyramide erheblich beeinträchtigen, weshalb im Mauerwerk noch mehr Platz freigehalten werden müßte, um die nötigen Steinverzahnungen bei der nachträglichen Schließung zu ermöglichen. Bei 125 Schrägaufzügen wird das zu einem quantitativen Problem erheblichen Ausmaßes, das nahe der Spitze sogar baubedrohend wird. Dort muß das Pyramidion auf oder unmittelbar neben den letzten Schrägaufzug gesetzt werden, der dann irgendwie unter ihm abgebrochen werden müßte.

Noch viel gewichtiger: Das ständige Zurücksteigen zum leeren Förderkorb ist mit einem Ballast von 50 kg für keinen Mann ein Spaßvergnügen. Selbst ein Reinhold Messner steigt nicht tagein, jahraus mit einem zentnerschweren Rucksack steile Berge oder gar Treppen hinauf. Folglich müßte die Zahl der Träger verdoppelt oder verdreifacht werden, um die Belastung pro Mann auf ein erträgliches Maß zu reduzieren.

Auch damit sind noch nicht alle Schwierigkeiten behoben. Der Erfinder dieser Methode räumt ein, daß nicht nur ein endgültiger Schrägaufzug zu bauen war, sondern auch ein "vorläufiges Gerüst", um die endgültige Form zu erstellen. Vorläufiges wie endgültiges Gerüst mußten auch wieder beseitigt werden [Abitz 74].

Weiterhin müßten die Walzen mit ihren 1,5 m Durchmessern entweder aus dem vollen Stamm einer Libanonzeder geschnitten oder in aufwendiger Weise aus keilförmig zugeschnittenen Balken zusammengefügt worden sein [Abitz 77]. Damit scheinen allerdings die Zimmermannsfähigkeiten der Ägypter fast überfordert. Denn die 5 m lange Rolle aus Kreissegmenten zusammensetzen heißt, für 125 Schrägaufzugsrollen über 1.000 jeweils 5 m lange Hartholzkeile paßgerecht zu sägen.

Abitz gemutmaßtes Resultat wäre, falls konstruierbar, sicherlich funktionstüchtig gewesen. Sein Schrägaufzug entspricht aber den einfachen, 'geradlinigen' Baumethoden der alten Ägypter so wenig, daß diese potentielle Möglichkeit sicherlich nicht zu präferieren ist.

Und noch am Rande bemerkt: Wer in dieser Weise mit Keilhölzern Rundformen bauen konnte, hätte auch mit identisch geformten Keilsteinen echte Gewölbe errichten können. Doch gerade das echte Steingewölbe ist in der 4. Dynastie unbekannt. In der Cheopspyramide wurden falsche Gewölbe und gestemmte Gewölbe eingebaut, das echte Gewölbe trat frühestens am Ende der 6. Dynastie auf, war allerdings - dies wieder ein fundamentales Rätsel innerhalb der Chronologie - schon in der 3. Dynastie unter Djoser realisiert worden [vgl. Heinsohn/Illig 59-67, 114ff; Illig 1992b, 123-130].

Löhners Seilrollen auf der Pyramide

Es ist hier die Stelle, um noch einmal an die oben genannten fünf Kriterien (s.S.23) zu erinnern und klarzustellen: Es gibt 'im Prinzip' - genügend 'Menschenmaterial' und Zeit vorausgesetzt - fast beliebig viele Möglichkeiten, die Cheopspyramide zu bauen, ob Schrägaufzug oder Schaduf, ob einfaches Hochhebeln oder Schwenkkräne und so fort. Insofern wäre der Pyramidenbau längst kein Problem mehr. Eine vorgeschlagene Methode muß aber nicht nur im Prinzip funktionieren, sondern zu den sonstigen uns bekannten Arbeitsmethoden der Ägypter passen; sie darf keine unüberschaubare Arbeiterschar voraussetzen, weil Millionenheere an einem Ort äußerst mühsam zu ernähren und zu leiten sind; und sie darf nicht dynastienlang gedauert haben, sondern mußte einen Bauabschluß zu Lebzeiten des Pharaos erwarten lassen.

Im Lichte dieser Prämissen schneiden die meisten bisher genannten Lösungsversuche mit einem 'ungenügend' ab. Denken wir nur an die Rampologen der geraden wie der schneckenförmigen Provenienz. Sie bewältigen in Wahrheit keineswegs das Problem, sondern vergrößern nur die Schwierigkeiten: Es fehlt ihnen das nötige Material für die Rampen, sie können ihre Belastbarkeit nicht gewährleisten, der Zeit- und Arbeitsaufwand stiege ins Unerträgliche, die Ziehspur müßte bei ständigem Befahren laufend erhöht werden oder die Gespanne würden einfach die Kurven der Wendel nicht 'kriegen'. Schlammgleitende Schlitten wären häufig in Unfälle verwickelt, weil sie wie die Mannschaften in unkontrollierbares Rutschen kämen. All die an Rampen klebenden Überlegungen führen nicht zum Erfolg in Form einer Pyramide, sondern zu immer größeren Sekundärarbeiten, unter denen der eigentliche Bau buchstäblich wie übertragen versänke.

Nicht akzeptabel sind auch Gangspills oder komplizierte Maschinen, die einigermaßen fremd in jener ägyptischen Handwerkstradition stünden, wie sie aus Reliefs, Fresken und Tonmodellen bekannt ist. Dazu ein Beispiel aus anderer Zeit. Nachdem aus einem Wrack vor Antikythera ein Messingkästchen mit einem komplizierten Zahnradsystem des -1 Jhs. geborgen, restauriert und im Athener Nationalmuseum ausgestellt wurde, eröffnete sich für manche Philhellenen eine ganz neue Welt, für andere brach schier die Klassik zusammen. Unter den Griechen waren also doch 'Banausen' im Sinne des griechischen Wortes gewesen, also jene Leute, die sich ganz prosaisch der Praxis gewidmet hatten. Aber diese Revolution unseres Griechenbildes war nur eine vermeintliche. Wer bei Aristoteles nachschlägt, findet schon im -4. Jh. Zahnräder erwähnt [Neuburger 229]. Es waren lediglich bis dahin keine gefunden worden, und ein ganz auf erhabene Kunst fixiertes Publikum vermißte sie nicht.

Auf Gangspills verweist jedoch im ganzen uns bekannten Ägypten nichts. Das schließt ihre Existenz noch nicht aus. Aber auf eine lediglich potentielle Möglichkeit einen ganzen Pyramidenbau zu stützen, führt möglicherweise zu einer ganz neuen, doch leider nur postulierten Kultur. Das kann ein aufregendes Hobby sein, doch bringt die Kreation phantasievoller oder phantastischer Däniken-Welten wenig für das Verständnis des alten Ägypten.

Die Seilrolle als akzeptable Technik

Unsere Lösung bleibt gemäß unseren Prämissen bei einer 'Primitivtechnik', die diese Bezeichnung natürlich überhaupt nicht verdient, weil sie so unwahrscheinliche Bauten wie eben die Pyramiden zustandegebracht hat. Wir haben bislang gezeigt, daß das Steinmaterial mit Schlitten, Holzschienen und Seilrollen leichter als bislang gedacht bis zum Bau gebracht werden konnte. Nunmehr setzen wir, nach rechnerischer Vorbereitung (S.68), dasselbe System **direkt auf der Pyramidenflanke** ein:

Auf der entsprechend vorbereiteten Oberfläche der Pyramide werden geradewegs nach oben steile Geleise verlegt, auf denen die Steinschlitten mit Seilrollen hinaufgezogen werden. Und die auch hier aktiven Schleppmannschaften ziehen - das ist noch niemals vorgeschlagen worden - auf der schiefen Ebene unter Einsatz vorrangig ihres Gewichts, nicht ihrer Kraft, die Last hinauf, indem sie hinabmarschieren.

Dies geht zunächst sehr einfach, weil die Außenflächen eine schiefe Ebene 'par excellence' bilden, die trotz Herodot ihre Verkleidung nicht erst als krönenden Abschluß erhalten haben. Stadelmann hat an der Snofrupyramide in Dahschur nachgewiesen, daß

Abb. 82: Löhners Schlitten, der von Schleppgespannen auf der Pyramidenflanke hochgezogen wird [Zeichnung Illig]

"die Verkleidungssteine von Anfang mit den Blöcken des Kernbaus verlegt und mit ihnen verkleidet waren, was bautechnisch
gar nicht anders möglich ist, wenn man nicht riskieren wollte,
daß die Verkleidung durch den Druck der Massen sich gleichsam
ausbeulte und ausbrach" [Stadelmann 1990, 247].
Herodot könnte also nur noch insoweit Recht behalten, daß die abschließende Glättung der Verkleidung von oben nach unten erfolgt ist. Doch auch das
ist - mit einer 'schmalen' Ausnahme - unwahrscheinlich (s.u.).

An dieser um 52° geneigten Ebene kann sich der eigentliche Vorteil
der Seilrollen entfalten, wie oben bereits zum Ausdruck kam. Denn nun
können die Schlepper um ein Vielfaches besser 'einsteigen'. Als Zugkraft
setzen sie jetzt ihr Eigengewicht ein, mit dem sie den Stein 'mühelos' nach
oben befördern. Sie können sich aber obendrein anstrengen und weitere
Kilopont an Arm- und Beinkraft aufs Seil bringen.

Wir haben bereits oben errechnet, wie groß die Zugmannschaft für
einen 'Standardstein' von 2,5 t samt Schlitten und sonstigem Zubehör sein
mußte: 46 echte Schlepper und 10 'Begleitpersonen', also 56 Mann. Diese
Mannschaft ist natürlich nicht auf diese exakte Einsatzstärke fixiert, sowe-
nig das Gewicht der Steine fixiert ist. Indem sie sich bei einem Stein ins
Zeug legt, merkt sie automatisch, ob und wieviele Schlepper hinzutreten
müssen. Denn Block und Zugmannschaft hängen wie zwei Tariergewichte
an denselben beiden Tauen. Ebenso wird der hinterste Schlepper zurück-
bleiben, wenn sich beim Hochziehen - das Tau wird ja sukzessive zum
Gegengewicht - die Hubbewegung über Gebühr beschleunigt.

Betrachten wir zur Illustration einen Block, der auf einen Pyramidenstumpf von 20 m Höhe gehievt werden soll. Dort oben werden zwei Umlenkböcke samt Seilrollen errichtet. Vom Steinblock werden nun zwei Seile
um die beiden Rollen geführt. An ihren freien Enden sind Querhölzer für
die Männer der beiden Zuggespanne einer Mannschaft angebracht. Diese
stehen oben - links und rechts des Gleitwegs - bereit und legen sich buchstäblich ins Geschirr. Während sie auf einem festen Leiterweg herabsteigen
und das Querholz mit der Brust vor sich her drücken, ziehen sie durch ihr
Eigengewicht den Block nach oben.

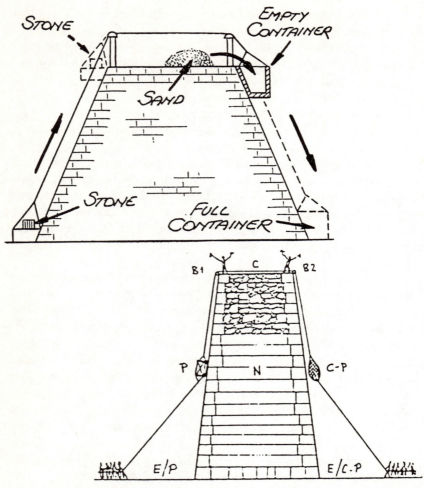

Abb. 83: Aufzug mit Gegengewicht nach M. Isler. Ungeklärt bleibt, wie der zu Tal
fahrende Sand wieder noch oben kommt [Isler 41]

Abb. 84: Aufzug mit Gegengewicht nach E. Guerrier [Guerrier 43]. Hier laufen die
Seile mittels Umlenkrollen über die gesamte Pyramide hinweg. Stein und
Gegengewicht werden von der rechten Mannschaft hochgezogen; die linke zieht das
Gegengewicht nach seiner Talfahrt allein wieder hinauf. Wenn sie das kann, könnte
sie gleich ohne Gegengewicht arbeiten.

114

Steckt der Teufel im Detail ?

Damit ist der Vorgang natürlich nur 'im Prinzip' beschrieben. Für einen reibungslosen Ablauf der Hubarbeit müssen eine Reihe von Detailproblemen bedacht werden. Doch zuvor seien Lösungsvorschläge erörtert, die ungefähr in dieselbe Richtung zielen.

So hat M. **Isler** 1976 eine Seilbahn über den ganzen Pyramidenstumpf hinweg skizziert, bei der Sand in einem Behältnis als Gegengewicht diente. Er zeichnet auch mit leichter Hand einen großen Sandhaufen auf den Pyramdenstumpf, verrät aber nicht, wer diesen Sand immer wieder - und ganz mühelos - da oben abládt [Isler]. Insofern ist diese seltsame Abart eines Perpetuum mobile zu Recht als "absurd" bezeichnet worden [Arnold 1984].

E. **Guerrier** trug 1981 eine ganz ähnliche Idee vor und begründete sie mit Abbildungen ägyptischer Kunst, in die er pyramidenübergreifende Zugsysteme mit Umlenkrollen hineininterpretierte. Er braucht immens lange Seile und mehrere Umlenkrollen, läßt aber seine Zuggespanne am Boden arbeiten [Guerrier 45f].

Auch J.P. **Adam** schlug ein Hebegerät vor, bei dem ein auffüllbarer Behälter als Gegengewicht dient [Adam 1975; Kérisel 81].

Die Idee, die Arbeiter selbst als Ballast einzusetzen, wird zweimal vertreten. **Abitz** läßt sie 1992 im Förderkorb hinabsinken, führt aber das Gewichtschleppen gewissermaßen durch die Hintertüre wieder ein [Abitz]. **Kottmann** und **Heise** dachten sich 1988 eine Art Schaduf aus, bei dem als Gegengewicht 20 Arbeiter in einen Lastenkorb steigen. Das Gerät mit seinem 40 cm starken Hebebaum krankt jedoch daran, daß der Steinblock je Hub nur rund 3 m Höhe gewinnen würde. Diese mehr als umständliche Beförderung kann mit Seilrollen bei weitem übertroffen werden.

Über den Einsatz unserer Seilrollen auf dem Weg zur Pyramide und ihren effektiven Nachweis innerhalb der Cheopspyramide haben wir bereits berichtet. Auch bei der 'Steilanwendung' stehen, gut verkeilt und vertäut, zwei Umlenkböcke links und rechts des Gleitwegs, an deren Seilen jeweils 23 Mann hängend ziehen. Sie brauchen einen festen, hölzernen, mit Geländern gut gesicherten Leiterweg, auf dem sie zu Tal steigen können, wäh-

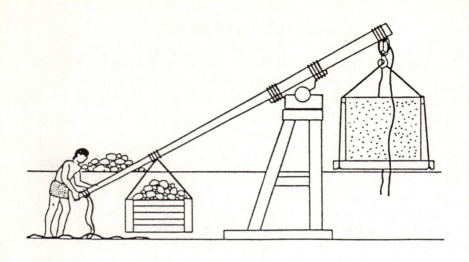

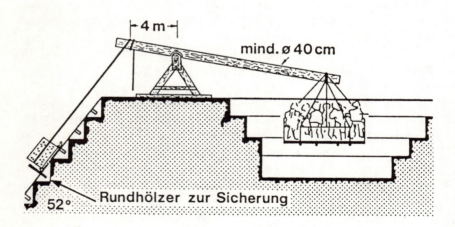

Abb. 85: Schadufartiges Hebegerät nach J.-P. Adam. Leider muß der Ballast vor jedem Beladen hochgetragen werden. Das Niveau seiner Lagerung müßte wegen des längeren Hebelarmes wesentlich höher liegen als die Zeichnung zeigt [Kérisel 82]

Abb. 86: Schadufartiges Hebegerät nach Kottmann und Heise. Hier kann der Ballast selbst zurücksteigen, aber der Hub ist zu gering [Kottmann 38]

116

rend ihr unbeschwerter Rückweg wohl über eine regelrechte Treppe mit Stufen erfolgt. Diese Konstruktionen lassen sich auf der Pyramidenschräge gut befestigen, wenn aus der mehr oder weniger glatten Oberfläche Bossen und ganze Quader herausstehen, die erst nach der schlußendlichen Demontage weggemeißelt und abgeschliffen werden.

Dasselbe gilt für die Schlepptrasse, die jener in der Ebene gleicht: Aus zwei Baumstammreihen wird ein Gleis in der 'direttissima' hochgeführt, in sich verstrebt und außen an Steinbossen abgestützt. Die Gleitreibung zwischen Schlitten und Schienen reduziert sich hier noch weiter, weil - wie die Experimente zeigten - nur die hinterste Querstrebe des Schlittens auf dem Gleis aufliegt.

Durchdacht sein wollen Start und die Ankunft des Steins oben am Plateau. Für den Übergang vom flachen Boden zur steilen Wand sind ein, zwei vermittelnde Schienenabschnitte zu erwarten. Dann beginnt der zügige Transport auf der Pyramidenflanke, wieder zum Überwinden der anfänglichen Haftreibung durch Hebel unterstützt. Erst kurz vor der Oberkante des Pyramidenstumpfes kann sich ein Problem ergeben. Wenn eine Kolonne abwärts zieht, verliert sie in dem Moment ihre volle Zugkraft, in dem die Vordersten den flachen Boden erreichen. Zu diesem Zeitpunkt ist aber der Block noch nicht ganz oben angelangt. Wie geht es hier weiter?

Eine Möglichkeit wäre, den Startplatz der Steinblöcke einige Meter höher zu legen als den Zielpunkt für die Zugmannschaft. Nun ist es ohnehin wahrscheinlich, daß man die Steine für die allerersten Lagen keine 2, 4 oder 6 m, also nur ganz kurze Strecken auf den Schienen hochhievte, sondern dafür Rampen anböschte.

An der Cheopspyramide erreichen die ersten 16 Steinlagen ein Niveau von etwas mehr als 15 m Höhe, und dort war bereits ein Drittel aller Steine verlegt, ein Drittel des Gesamtvolumens errichtet. Es konnte nützlich sein, bis maximal zu dieser Höhe - wir erwarten allerdings kaum mehr als 10 m - Rampen seitlich an die Flanke(n) heranzuführen. Bei weiterwachsendem Bau wurden die Rampenenden als Startplatz für die Steine benutzt, während die Hubmannschaft daneben bis zum Plateau hinabsteigen konnte. Damit war das Manko der Höhendifferenz behoben.

Es ging natürlich auch ohne jede Rampe. Die Blöcke von einer einzigen Mannschaft 100 und mehr Meter hinaufziehen zu lassen, wäre unprak-

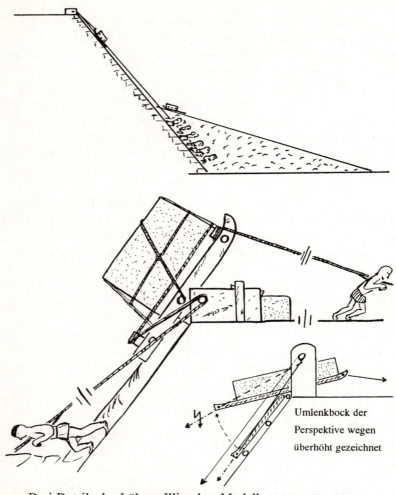

Umlenkbock der
Perspektive wegen
überhöht gezeichnet

Drei Details des Löhner-Illigschen Modells [Zeichnungen Illig]:
Abb. 87: Start von der Rampe als eine der Möglichkeiten, den Steinblock
bis zur Arbeitshöhe zu befördern
Abb. 88: Kippvorgang an der Arbeitsplattform für normalgroße Steine
Abb. 89: Kippschlitten für die Granitriegel, falls sie der Länge, nicht der
Breite nach hochgeschleppt werden

tisch gewesen. Um nicht mit endlos langen, schweren Seilen hantieren zu müssen, war es besser, alle 20, 30 oder 50 m anzuhalten und den Steinblock einem nächsthöher postierten Zuggespann 'anzuhängen'. Dasselbe konnte auch vor Erreichen der Plateaukante geschehen, solange diese noch so niedrig lag, daß die erste Mannschaft im Hinuntersteigen ebenen Boden erreichte. In diesen Fällen wurde rechtzeitig haltgemacht, ein kürzeres Seil eingeklinkt, und die zweite Aufwegmannschaft konnte ihr volles Gewicht einsetzen.

Wir sehen im übrigen die Möglichkeit, den Block ohne Zwischenstopp weiterzuschleppen, ja bis zu den höchsten Steinlagen hinaufzubringen. Obwohl wir sie 'exklusiv' für das Aufbringen des Pyramidion beschreiben (S.164ff), kann diese Methode ohne weiteres den Normalfall dargestellt haben. Bei ihr ist ein 'fliegender Wechsel' der Zugseile notwendig, der mit eingespielten Teams machbar ist. Der große Vorteil dieser Methode liegt darin, daß alle Zwischenhalte mit ihrem mühsamen Überwinden der Haftreibung entfallen, jenes Problem, dem die Rampologen so geflissentlich aus dem Weg gehen müssen. Hier 'am Berg' kann Geschicklichkeit erhebliche Kraftanstrengung ersetzen.

Damit ist der Steinblock dicht bei der Kante der Arbeitsebene angelangt. Hier wird der Schlitten angehalten und von zwei sichernden Arbeitern, die den Transport ständig begleiten, unterbolzt. Nunmehr werden die Zugseile umgehängt: Die der Aufwegmannschaft werden vom Vorder- auf das Hinterende des Schlittens umgehängt, während vorne die Seile jener Mannschaft eingeklinkt werden, die oben auf dem Pyramidenstumpf die Blöcke verfrachtet und verlegt. Nun zieht die Aufwegmannschaft den Block so weit an, bis er zu etwa einem Drittel über die Plateaukante ragt. Bevor nun die Verlegemannschaft kräftig anzieht, werden zwei Vierkanthölzer längs unter die Querhölzer des Schlittens gelegt, die ihm als Wippe dienen sollen. Er beginnt sich nun zu neigen. Das letzte Herunterkrachen des Tonnengewichts fängt ein Seil auf. Es ist auf jeder Seite um ein in ca. 1 m Höhe aufgebocktes Rundholz geschlungen und wird von zwei Männern gehalten. Sie lassen das Seil langsam nach, und Wipphölzer samt Schlitten und Steinblock setzen sanft auf.

Weitere Details dieses Transports wollen bedacht sein. Zunächst empfiehlt es sich, daß der Schlitten länger als der Stein ist und hinten über-

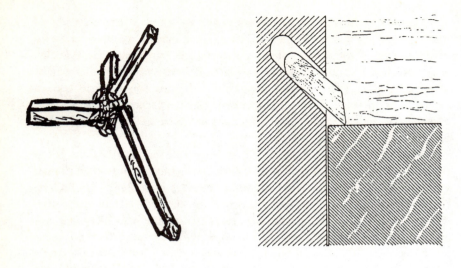

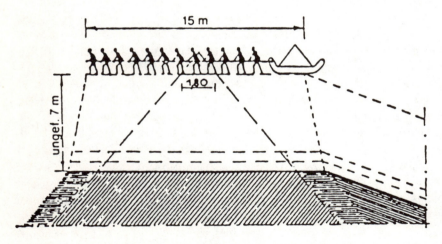

Abb. 90: Arretierhilfe für die Steinschlitten an der Flanke [Zeichnung Illig]
Abb. 91: Arretierstab für einen abgesenkten Fallstein [Arnold 228]
Abb. 92: Bau der Pyramidenspitze auf Plattform, wobei J.-P. Lauer
im Text auch Umlenkrollen zuläßt [Lauer 257]

120

steht. So wird vermieden, daß die Steine an der Flanke das Übergewicht bekommen und hintüberkippen. Diese Gefahr droht nur bei größeren Formaten, die in den hohen Lagen fast nicht mehr vorkommen: Mißt die erste Lage der Cheopspyramide stolze 150 cm, so bewegt sich die Steinhöhe von der 120. bis zur 200. Schicht nur noch zwischen 49,5 cm und 75 cm. Allerdings springt sie beim Rudiment der 201. Lage noch einmal auf 112 cm [Goyon 236ff], vielleicht Hinweis auf einen besonders kompakten Spitzenausbau.

Um einen Aufzugsweg optimal zu nutzen, empfiehlt sich der Einsatz von zwei Mannschaften, die abwechselnd in Aktion treten. Damit können wir zu einer quantitativen Aussage kommen. Bei der hier geschilderten Technik sind Steiggeschwindigkeiten der Blöcke von 3 bis 5 Minuten pro 50 m ohne weiteres möglich. Bei zwei Zugmannschaften je Umlenkbockpaar konnten pro Schienenrampe 100 Steine täglich ohne weiteres hochgebracht werden. Durch die Umkehrung der Zugbewegung - statt mühsamem Hinauf ein viel leichteres Hinab - ist das Zurücksteigen der Mannschaften fast zeitraubender und anstrengender als das Gewichtziehen; aber sie steigen - ein wesentlicher Vorteil gegenüber dem Schrägaufzug von Abitz - ohne einen Zentner Traglast je Schlepper zum Ausgangspunkt zurück. Das Seilgewicht von 200 bis 300 kg verteilt sich beim Aufstieg oder beim Hochziehen auf die 46 Schlepper einer Seilrollenmannschaft, kann also vernachlässigt werden. Und die Aufstiegstreppen müssen nicht so steil wie die Pyramidenflanke selbst ansteigen, sondern können bei Bedarf auch flacher geführt werden.

Im Tandembetrieb gehen wir von 110 Mann aus, weil zumindest Windenmeister und Oberaufseher immer vor Ort blieben. Wir erinnern: Von dieser Hundertschaft greifen 92 Mann als Schlepper zu, 4 Mann folgen sichernd dem Block, Kontrolleure prüfen Gleisbett und Seile, 'Schmierer' halten die Schienen glatt (und harzen gegebenenfalls die Seilrolle), Träger bringen Ersatzgerät und Wasser heran, Aufseher lassen Schleppgespanne und Schlitten nicht aus den Augen.

Zum Unfallrisiko

Bei diesem Arbeiten an der steilen Pyramidenflanke ist die Frage nach der **Vermeidung von Arbeitsunfällen** eine entscheidende. Nachdem keine willenlosen Sklaven von brutalen Schergen kommandiert wurden, ist dieser Aspekt sicher bedacht worden. Wo liegen die kritischen Punkte?

Zunächst muß gewährleistet sein, daß der Schlitten samt Steinblock auf der Schräge arretiert werden kann. Als Gegenhalt dienen die hölzernen Querstreben des Geleises sowie Rippen und andere bewußt stehengelassene Steinbossen unter den Geleisen. Zwei Arretierer steigen ständig hinter dem Schlitten her und halten Sperren so in Position, daß sich der Schlitten beim ersten Zurückgleiten festhaken würde. Diese hölzernen Sperren sehen aus wie Kreuze, deren vier unterschiedlich lange Arme in verschiedenen Richtungen abstehen, ähnlich wie kleine Panzersperren. Es könnte sogar möglich gewesen sein, an den Schlitten zwei Hemmkreuze so anzuhängen, daß sie sich ganz automatisch an den Querbalken verhaken, wenn der Block zurückgleitet.

Daß den Ägypter derartige Arretierungen vertraut waren, läßt sich zum Beispiel in der Mastaba von Senwosretankh nachweisen. Dort lagerte hinter einem einsatzbereiten Fallstein ein Holzpflock in einem Wandloch. Wurde der Fallstein in seine endgültige Position herabgelassen, rutschte der Pflock ein Stück weit heraus und verhinderte zuverlässig ein Hochdrücken der Sperre [Arnold 228].

Nach Erich Kästners Rat an Damokles
"Die Nähe des möglichen Schadens liegt nicht in der Schärfe des
Schwerts, vielmehr in der Dünne des Fadens" [Kästner 1967, 25]
sollte man nun die Seile prüfen. Da aber ein Hanfseil nicht einfach reißt, sondern bei diesen niedrigen Geschwindigkeiten und stetigen Belastungen zuerst ausfasert, können laufende Kontrollen den Ernst-'Fall' einer Mannschaft sehr zuverlässig ausschließen.

Wie sieht es aus, wenn ein Schlepper stolpert? Er wird mit Sicherheit seine Mannschaft zum Halten, aber kaum in Gefahr bringen. Das ausbalancierte Gleichgewicht von Block und Mannschaft ändert sich nur um wenige Kilogramm, die zu keinem raschen Ausschlag dieser 'Tarierwaage' führen.

Auf Kommando unterfangen die beiden Sicherungsmänner den Block mit ihren Hemmkreuzen, so daß er sich nicht verselbständigen kann, während sich das Gespann neu formiert. Dasselbe ist immer dann möglich, wenn sich ein Schaden an den Schienen oder sonstwo zeigen würde.

Was aber geschieht, wenn sich ein Umlenkbock aus seiner Verankerung löst oder seine Holzrolle bricht, also gewissermaßen der GAU eintritt? In diesem Fall verlagert sich zunächst das gesamte Gewicht auf den zweiten Umlenkbock. Böcke wie Seile sind so dimensioniert, daß sie einen Block auch ohne ihre Pendant tragen können, so daß es auch hier nicht sofort zur Katastrophe kommt. Nachdem der Schlitten ja nur rund 1 m breit ist, die Böcke also dicht nebeneinanderstehen, wird der Steinblock so wenig zur Seite schwingen, daß er noch nicht einmal von seinem Gleis abrutschen wird. Aber das 'haltlose' Gespann würde vornüberstürzen. Nachdem es aber auf einem Leiterweg hinabsteigt, der für zwei Mann nebeneinander eng bemessen ist, haben alle gute Chancen, sich am festen Geländer abzufangen. Sie trugen sicher kein Zuggeschirr, das sie aneinandergefesselt hätte, sondern schoben mit Querhölzern, die sie bei Gefahr einfach loslassen konnten.

Der Block kann von dem anderen, verbliebenen Gespann nicht gehalten werden. Aber er würde solange gebremst, daß die Arreteure ihre Chance haben, die Hemmkreuze einzuschieben. Erst wenn dieses nicht gelänge, würde der Block in die Tiefe schießen. Er würde unten Unheil anrichten, aber das zweite Gespann, das nur loszulassen braucht, nicht mit hinabreißen.

Selbstverständlich könnte jedes Gespann an ein Sicherheitsseil geknüpft sein, das von oben sichernd freigegeben wird. Auch der Block könnte von einer 'Deckmannschaft' so gesichert werden, daß er auch beim 'GAU' eines Rollenbruchs oder Seilrisses nicht außer Kontrolle geriete. Es gäbe also einfache Möglichkeiten, Katastrophen zuverlässig - abgesehen von "menschlichem Versagen" - auszuschließen. Doch das ist nicht zuletzt eine Mentalitätsfrage. Die Einrichtung eines "Technischen Überwachungsvereins" ist selbst bei uns eine relativ junge Einrichtung, und in anderen Ländern steht sie erst bevor. Wir erinnern an die Mönche der adlerhorstartigen Meteora-Klöster, die das Seil ihrer freischwebenden Aufzugskörbe angeblich immer dann erneuern, wenn das alte gerissen ist. Und noch beim

Bau des Suez-Kanals im letzten Jahrhundert wurden Tausende tödlicher Arbeitsunfälle hingenommen.

Es läßt sich das Fazit ziehen: Was auf den ersten Blick wie eine verwegene Turnerei an steiler Wand wirkt, ist eine Arbeit mit stark eingeschränktem und kontrollierbarem Risiko, die auch von vielen und über lange Zeit hinweg durchgeführt werden konnte, ohne daß es zu mehr Todesfällen kommen mußte als auf anderen Großbaustellen.

Wieviele Mannschaften sind zum Anheben notwendig? Wir haben bereits gesehen, daß das Volumen an Steinen stark abnimmt, je höher es hinaufgeht. Es genügt also eine einzige Rampe, die bis zur Spitze reicht, mit 4 Umlenkbockpaaren in jeweils 35 m Abstand. Diese Maschinen verlangen 4 Doppelmannschaften, also insgesamt 440 Mann. Anfangs braucht es hingegen fünf parallele Aufwege, bei denen 550 Mann ausreichen, weil jeweils nur ein einziges Seilrollenpaar benötigt wird. Bis zu 70 m Höhe genügten 3 Rampen mit jeweils zwei Paaren, also 6 Doppelmannschaften oder 660 Mann. Der Maximalbedarf dürfte bei **880 Mann** gelegen haben, wenn auf 4 Aufwegen jeweils 2 Bockpaare zum Einsatz kamen. Wurden für den Fall der Fälle ein oder zwei weitere Rampen nicht nur bereitgehalten, sondern auch betrieben, so kamen ein, zwei Hundertschaften hinzu. Auf jeden Fall reduzieren sich die vielen Tausende von Rampenbauern und Bergaufschleppern der bisherigen Modellvorstellungen auf eine Zahl, die bei oder sogar unter Tausend liegt.

Abschließend darf - mit einem kleinen Lächeln - gesagt werden, daß die ersten positiven Expertisen schon vorliegen. O. Riedl erwähnte beiläufig, daß ihm der Gedanke durch den Kopf ging, daß man seine Arbeitsbühnen auch direkt per Gangspill die Pyramidenflanke hinaufwinden könnte und errechnet sogar eine Steiggeschwindigkeit von 1 m in 1,5 min. Doch dann verwarf er "die einfachste Vorgangsweise" wieder, weil sie ihm zu unfallträchtig erschien und seine Winden überfordern könnte [Riedl o.J., 177f]. Es erschien ihm also zeitweilig durchaus im Bereich des Möglichen zu liegen, die Pyramidenseite direkt als schiefe Ebene zu benutzen. An Seilrollen und Zugmannschaften als Gegengewichte hat er freilich nicht gedacht. Und der passionierte Rampenkonstrukteur J.-P. Lauer liebäugelte auf den allerletzten, einer Rampe so unzugänglichen Höhenmetern mit einer 'Maschinen'-Lösung. Für das Aufsetzen des Pyramidions auf engstem Raum entwarf er eine Hilfsplattform und stellte sich hier, aber auch erst hier vor, daß die Zugmannschaft

"z.B. ihre Seile über Rundhölzer wickeln können, die jenseits der Grenzen der vorläufigen Plattform der Pyramide horizontal befestigt waren. Dann konnten sie auf der Rampe wieder hinuntergehen oder auf einer Plattform aus Ziegeln ihren Weg fortsetzen" [Lauer 257].

Warum sollte ein probates Mittel, das J.-P. Lauer nur im äußersten Erklärungsnotstand und Borchardt wie Perring nur im Inneren der Pyramide dulden, nicht generell eingesetzt worden sein? Nunmehr wird die Seilrolle dem vollen Licht der damaligen Baustelle wie der heutigen Kritik ausgesetzt.

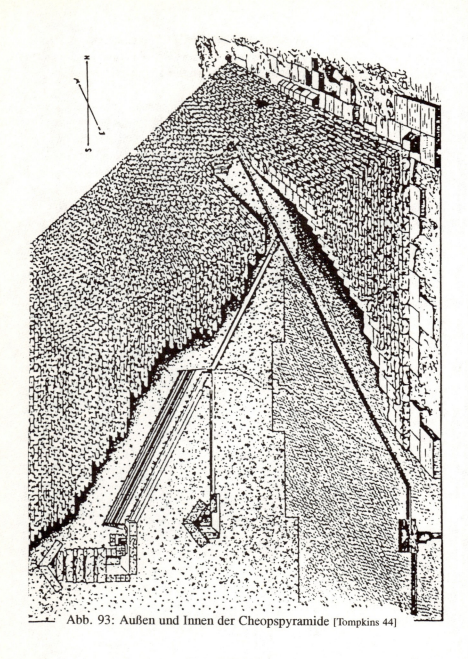

Abb. 93: Außen und Innen der Cheopspyramide [Tompkins 44]

Die Schwergewichte aus Granit

Die Pyramide hielt für ihre Baumeister zwei Spezialprobleme bereit: Die absolut makellos versetzten Steine der Innenräume, insbesondere der Großen Galerie, und die überschweren Steine, aus denen die 'Königskammer' samt ihren Zusatzräumen erbaut worden sind.

Bei dem praktisch fugenlosen Steingefüge der Galerie müssen wir zunächst die Meisterschaft ägyptischer Steinmetzen in Ansatz bringen, die sich nun einmal in diesem Bau manifestiert und die wir nur bewundernd konstatieren können. Immerhin hatten sie für ihre sprichwörtliche Präzision auch hinreichend Zeit. Denn wir dürfen nicht vergessen, wie lange es dauerte, bis der Bau auch nur um eine einzige Steinschicht gewachsen ist. Wenn minütlich 1 Block auf das Arbeitsniveau gelangt, so sind das arbeitstäglich ca. 500 Blöcke. Insgesamt besteht die Schicht auf Höhe der 'Königskammer' aber aus über 16.000 Blöcken. Dementsprechend dauerte es rund 32 Arbeitstage, bis die nächste Schicht rund 80 cm höher angefangen werden konnte. Das ließ den Steinsetzern und -glättern genügend Zeit, das Wunderwerk der großen Galerie in jener Perfektion auszuführen, die wir noch heute bewundern können [vgl. Goyon 173].

Die 'Überlastungskammern'

Die 'Königskammer' besteht vollständig aus Rosengranitblöcken. Je nach Augenmaß werden genau 100 [Neuburger 348] oder richtiger 131 Steine [Lepre 98] gezählt. Ihre Formate sind ganz unterschiedlich: Für den Boden 21 große Platten, für die Wänden eher Quader mit Ausnahme der fünften, obersten Lage, die von nur sieben Langsteinen gebildet wird. Neun riesige Riegel von mehr als 5,15 m Länge decken den Raum. Darüber befinden sich die ominösen fünf 'Entlastungskammern', dank derer sich die imposanten Deckenträger exakt vermessen lassen: aus einer Länge von über 5,60 m errechnen sich Gewichte von fast 41 t. Mindestens 90 derartige Riegel sind hier verbaut worden [Goyon 177, 183]. Nachdem sie bis auf 70 m Höhe anzuheben waren, bringen sie Goyon mit seiner Wendelrampe in arge Bedrängnis, die ihm voll bewußt ist:

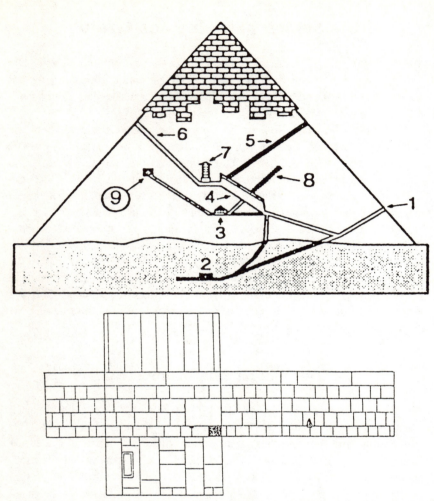

Abb. 94: System und Gänge der Cheopspyramide; Stand 1993. Der Roboter von Rudolf Gantenbrink hat die über 60 m des Lüftungsschachtes von (3) bis (9) erkundet. Dort sperrt den 20 x 20 cm-Schacht eine Steinplatte mit zwei rudimentär erhaltenen Kupferbeschlägen. Liegt dahinter eine unbekannte Kammer? Um dies zu erkunden, wird der Roboter gegenwärtig mit einer endoskopischen Optik ausgerüstet
[Quelle: David Keys, Graphik: 'Die Presse', Wien]
Abb. 95: Verlegungsplan der 131 Steine der 'Königskammer' [Lepre 98]

"Viele schwierige Fragen, die für den Augenblick unbeantwortet
bleiben müssen; es gibt kein Beispiel, das sich zum Vergleich
anbieten würde" [Goyon 184].

Der Zweck dieser 'Entlastungskammern' bleibt ein Rätsel. Sie bringen
keinen statischen Vorteil; das giebelförmige Sparrendach der obersten
Kammer hätte genausogut gleich direkt über der 'Königskammer' errichtet
werden können. Im Gegenteil: Die oberen Kammern üben einen besonders
starken Druck auf die Mauern der 'Königskammer' aus. Manche Kritiker
gehen deshalb mit dem Architekten hart ins Gericht.

"Das stolze Ensemble der Königskammer mit ihren Blöcken aus
Assuangranit und den Kalkblöcken aus Tura ist kein Meister-
werk" [Kérisel 70].

Jean Kérisel erlaubte sich dieses Urteil, weil er 1986 dank EDF (Electricité de
France) das Innere so genau erforschen konnte, daß ihmzufolge erstmals seit
1836 Neues herausgefunden worden ist [ebd 67]. Nach seinen Recherchen
belasten die 'Entlastungskammern' die Mauern der 'Königskammer' in
einer Weise, daß er lieber von 'Überlastungskammern' sprechen möchte
[ebd 72]. Dieses massive Ensemble aus 'Königskammer' und 'Überlastungskammern' steckt wie ein harter Granitkern in weichem Kalkstein, und diese
Kalkumhüllung ist um bis zu 15 cm gegenüber dem Kern abgesackt. Passieren konnte das, weil überall dort, wo Steine nicht flächenbündig, sondern
auf kleinen Unebenheiten aufliegen, diese Unebenheiten bei wachsendem
Druck flachgepreßt werden. Für Kérisel ist dies bereits während des Baus
passiert. Weil in der dritten 'Überlastungskammer' ein Schlitz von 15 cm
zwischen Granitbedachung und Westwand mit Gips verschlossen werden
mußte [ebd 71] und an manchen Stellen sogar die Nachbesserung wiederholt
worden ist, vermutet Kérisel, daß Cheops' Bau nur knapp einer Katastrophe
entgangen ist.

Bereits als der Granitkern mit seinem Kalksparrendach mit weiterem
Kalkgestein belastet wurde, seien die Granitriegel in der 'Königskammer'
gerissen. Daraufhin hätte der Pharao noch einmal die obersten Kalkstein-
schichten entfernen und in den 'Überlastungskammern' Nachbesserungen
vornehmen lassen [ebd 77]. Seitdem sei das oberste Sparrendach aus Kalkstein schlecht zusammengefügt. Für Kérisel ist die Pyramide trotz des
weithin hörbaren Brechens der Granitriegel weitergebaut und als Grablege

Das Dach ist leicht eingesunken, weil die beiden Giebelblöcke nicht richtig aneinanderlehnen.

Ausbrüche an den Kalksteinstützen unter dem enormen Druck

Die ursprüngliche Gipsverbindung zwischen dem obersten westlichen Granitriegel und der Westwand hat sich um 15 cm verschoben.

Mauerwerk von 100 Meter Höhe lastet auf dem harten, hohen Graniteinbau. Rings um ihn hat sich der weniger harte Kalksteinkern um 15 cm gesenkt und dabei die Südseite verletzt, die Kammer verworfen, ihre Deckenriegel um bis zu 4 cm verdreht und bersten lassen.

0 1 2 3m

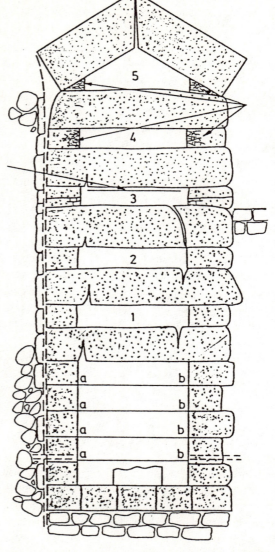

Abb. 96: Nord-Süd-Schnitt durch 'Königs-' und die fünf 'Belastungskammern' [Kérisel 71]

130

benutzt wurden. Früher wurde aus eben diesem Grund unterstellt, daß der 'Sarkophag' leer geblieben sei [Michalowski 141]. Doch gerade in diesem Falle wäre ganz unerklärlich, wieso die Pyramide zum Abschluß kam.

Nach unserer Meinung wäre auch eine konträre Beurteilung der Einbauten sinnstiftend. Gerade und nur weil 'Königskammer' und 'Überlastungskammern' ein äußerst homogenes Ganzes bilden, konnte es dieser harte Kern verkraften, daß sich eine Wandseite um 4 cm absenkte [Kérisel 70] und viele Deckenriegel unter Torsionsbelastung doppelt einrissen: am einen Ende an ihrer Unterseite (sichtbar an den Decken), am anderen Ende auf ihrer Oberseite (sichtbar in den Fußböden der 'Überlastungskammern'). Nur ein derart kompakter Kern konnte so lange überdauern - und in welchem Gebäude dieser Erde gäbe es wesentlich ältere, zur Gänze erhaltene Räumlichkeiten? Erstmals bekämen so die Entlastungs- als 'Belastungskammern' wirklichen Sinn.

Wer die 'Belastungskammern' für eine Fehlkonstruktion hält, aber den Architekten entlasten möchte, könnte auch fragen, ob sie überhaupt der ursprünglichen Planung entstammen. Sollte vielleicht aus den Granitblöcken etwas ganz anderes gebaut werden, etwa eine Innenhalle im Stile von Chephrens Taltempel? Als die Pläne geändert wurden, lagen die Granitträger vielleicht schon vor Ort und mußten eben verbaut werden [so Riedl o.J., 136f; konträr Stadelmann 1985, 119]. Diese These wird durch das Argument gestützt, daß alle Deckenriegel auf ihren Unterseiten fein geglättet, oben jedoch ganz uneben belassen sind.
Wir können das nicht klären, sehen aber dahinter das Eingeständnis einer Rampen-Schwachstelle. Weil die 40 t schweren Granitriegel nicht auf den Lehmziegelrampen befördert werden konnten, gab es nur eine einzige Möglichkeit, sie auf ihre Höhe zu bringen. Sie müssen vor Beginn der Arbeiten im Zentrum des Bauplatzes gelegen und mit wachsendem Bau zentimeterweiße hinaufgehebelt worden sein. Die Umplanungstheorie setzt also die Unzweckmäßigkeit der Rampen voraus.

Mit großen Hebeln ist dieses simple Hinaufbugsieren zu bewerkstelligen. Schon mit zwei 6 m langen Hebelbäumen könnte einer dieser kolossalen Riegel von 12 Mann angehoben werden. Möglich wäre auch Petries

Wippvorrichtung, mit der er den größten Granitriegel auf zwei Stützen abwechselnd nach oben schaukelt [Petrie 1938], auch wenn nach dem Gewinn jedes Höhenmeters feste Unterlagen geschaffen werden müßten. Doch wie sähe dann die Baustelle aus? 90 Riegel mit den oben genannten Maßen würden, mit jeweils 1 m Zwischenraum gelagert, ein Areal von 1.500 m² benötigen. Auf Höhe der 'Königskammer' mißt der Bauplatz rund 26.500 m² oder 162 m im Quadrat, erlaubt also dieses Granitlager. Doch für einen raschen Baufortschritt wäre dieses zentrale Megalithlager ein ständiges Hemmnis, das obendrein schon sehr, sehr früh hätte angelegt sein müssen. Denn schon vor dem eigentlichen Baubeginn mußten alle Granitsteine nicht nur aus dem Felsen geschlagen, sondern auch noch von Assuan 800 km nach Norden transportiert und auf dem Giza-Plateau bereitgelegt worden sein. Und für keinen Granitblock, der in 50 m Höhe zu Bruch ging, hätte Ersatz hinaufgebracht werden können - ein nicht zu unterschätzendes Risiko für den Fortgang des Baus.

Schwerlastaufzug mit Gegengewicht

Unser Vorschlag des 'Lastenaufzugs mit Gegengewicht' hat den Vorzug, daß er auch die schweren Monolithe einschließt. Der Einsatz der Seilrollen ist auch bei ihnen möglich, allerdings wohl nicht mit menschlichen Gegengewichten. Schließlich entsprächen 40 t Last samt Schlitten (300 kp) mehr als 670 Schlepper. Auch diese enorme Anzahl ließe sich prinzipiell in Gruppen von 30 Mann an 23 Seilrollen einsetzen, doch geht es auch eleganter und mit weniger Risiko.

Schließlich liegen auf 40 Meter Höhe, wenn die ersten Granitblöcke für die 'Königskammer' einzubauen sind, genügend Kalkblöcke bereit, die als Gegengewicht wieder zu Tal fahren können. Ein Granitriegel à 40 t verlangt als Gegengewicht 17 der üblichen Kalkblöcke zu 2,5 t oder 11 zu 3,6 t, einer bei Cheops auch gebräuchlichen Größenklasse. Diese 11 Klötze werden solange 'normal' hochgeschleppt und zu Tal gelassen, bis mit ihnen die 90 überschweren Granitriegel hochgehievt worden sind; angesichts von 2.300.000 Kalkblöcken eine lächerlich geringe Zusatzlast in der Größenordnung eines halben Promilles.

3,6 Tonnen werden von den gängigen Hanfseilen ohne weiteres getragen. Es war uns leider nicht möglich, mit Gewichten dieser Größenklasse Versuche zu unternehmen. Insofern geben wir verschiedene Möglichkeiten an, unter denen die ägyptischen Baumeister nach kurzem Experimentieren die günstigste herausgefunden haben dürften.

Bei der ersten wurde für jedes Gegengewicht eine Seilrolle samt Schlepptrasse aufgebaut. Bei 11 Gegengewichten mit 11 Seilrollen schließt sich eine 12. Rolle an, an der eine einzige Zugmannschaft das Gegengewicht so austariert, daß der Granitriegel mählich nach oben steigt. Diese Zugmannschaft hat den Vorteil, daß einzelne Schlepper ausscheren können, wenn beim Anstieg immer mehr Seil auf die Gegenseite überläuft und so das stetig wachsende Gegengewicht den 'Aufzug' gefährlich beschleunigen würde.

Man könnte aber auch ganz auf menschliche Gegengewichte verzichten und dafür steinerne so austarieren, daß der Granitblock angehoben wird. In diesem Fall würden die Gegengewichte mit Zusatzseilen so abgebremst, daß es zu keiner unkontrollierten Beschleunigung kommen kann.

Um so viele zusätzliche Schienentrassen zu vermeiden, würde es sich anbieten, mehrere Gegengewichte hintereinanderzuhängen, die dann 'im Konvoi' auf einer einzigen Schlepptrasse nach oben rutschen. Aber wieviel Gewicht trägt eine einzelne Seilrolle? Mit wachsendem Druck der Rolle auf ihr Lager - er bemißt sich in Kilopont pro Quadratzentimeter - erhöht sich die Lagerreibung so stark, daß ab einer gewissen Grenze die Rolle festfrißt. Dem kann durch einen großen Querschnitt der Rolle begegnet werden. Wir wollen aber nicht 'am Schreibtisch' festlegen, wo hier die Obergrenze für einen Umlenkbock und seine Seilrolle liegt.

Als weitere Möglichkeit bietet sich an, zwar mehrere Seilrollen zu verwenden, aber ihre Zugseile so miteinander zu verbinden, daß ihre Steingewichte hintereinander auf einem Gleis nach oben gleiten.

Ein spezifisches Problem ergibt sich, wenn die mächtigen Riegel der Länge nach über die Kante auf die Arbeitsfläche gekippt werden sollen. Denn dabei treten Kräfte auf, die schwer zu beherrschen sind. 'Normalsteine' können die beiden kooperierenden Mannschaften gut im Griff behalten. Doch hier schwenkt der Stein beim Kippvorgang weit aus der Pyramidenflanke. Die wesentliche Kraftkomponente wirkt jetzt nicht mehr entlang der Pyramidenflanke, sondern fast waagrecht vom Bau weg und droht die Umlenkböcke aus der Wand zu reißen. Dem kann auf zweierlei Weise begegnet werden. Entweder befördert man den Steinblock ohnehin quer hinauf, was mit einem breiteren oder doppelten Gleis möglich ist. Dabei tritt zwar ebenfalls die gefahrbringende Kraftkomponente auf, aber an viel kürzerem Hebelarm.

Oder man lagert den Monolith auf einem sogenannten Kippschlitten. Dank einer Halbierung dieses Schlittens, einer Art Querscharnier, verharrt sein Hinterende auch dann flach auf den Schienen, wenn der Block nach außen schwenkt. Damit bleibt der Ansatzpunkt für die Seile der Zugmannschaft 'am Berg' in derselben Position wie bei den leichteren Steinen. Und damit werden auch deren Umlenkböcke nicht stärker als sonst belastet. Für die obere Mannschaft ändert sich ohnehin nichts; sie zieht wie gewohnt den Block am Vorderende seines Schlittens auf die Arbeitsfläche.

Nach diesen Detailbetrachtungen läßt sich sagen: Dieses Seilrollen-System gibt genug Spielraum, um auch die 'Kaventsmänner' an Ort und Stelle zu bringen. Das unterscheidet unseren Vorschlag von fast allen bisherigen, die den Schwergewichten geflissentlich aus dem Wege gegangen sind. Das gilt für den Schrägaufzug von Abitz genauso wie für die Transportbühnen von Riedl, das gilt für alle Rampologen, die keinen einzigen großen Granitriegel über ihre jeweilige Rampe brächten, das gilt genauso für jene Hebetechniker, die sich mit schaduartigen Hebewerkzeugen zufriedengeben. Insofern läßt sich mit Fug und Recht sagen, daß hier ein wirklich neuer, die Probleme umfassend lösender Ansatz vorgestellt wird.

Granitbearbeitung mit Kupfer ?

Es ist hier der geeignete Ort, die Bearbeitung der nun hinreichend lange hinaufgeschleppten Granitriegel anzusprechen. Löhner hat in gründlichen Versuchsreihen die These bestätigt, daß derartige Hartsteinkolosse niemals mit jenem Kupferwerkzeug bearbeitet werden konnten, das bei den alten Ägyptern gefunden worden ist [Löhner/Illig]. Das gilt für alle vorgeschlagenen Werkzeuge wie Sägen, Meißel oder Bohrer. Keine Kupfersäge behielte auch nur einen Zahn, wenn sie an Granit angesetzt würde; doch der Granit bliebe völlig unversehrt. Die aufgefundenen und dargestellten Zahnsägen sind Beweis genug, daß sie an weichen Materialien eingesetzt wurden, die den Zähnen nicht widerstanden. Die von Ägyptologen postulierten korund- oder smaragdbestückten Sägeblätter müßten - ganz im Gegensatz zur Evidenz - zahnlos sein, weil sie zwischen glatter Metallkante und Gestein die beste Schleifleistung erzielen. Wenn heutzutage Fels mit umlaufenden Stahlseilen und Schleifsand zersägt wird, würden Sägezähne genauso stören, aber sie wären ohnehin sehr schnell abrasiert.

Werden angebliche Sägespuren gefunden wie etwa an dem sogenannten Cheopssarkophag oder an Verkleidungssteinen, aus denen Flinders Petrie die Länge eines Sägeblattes mit exakt 2,74 m [Tompkins 116] oder 2,4 m [Arnold 1991, 267] bestimmt, dann wäre schon damit geklärt, daß es sich niemals um ein Kupfersägeblatt gehandelt haben kann. Denn Kupfer ist nicht steif-elastisch genug, um hier dienen zu können. Ein langes kupfernes Sägeblatt wäre schon beim ersten Versuch, beim ersten Verhaken im Stein ein verbogenes Stück Blech, das niemals mehr als Säge gebraucht werden könnte. Das spröde, wenig elastische Kupfer kann nicht in die Ursprungsform zurückgebracht werden, ohne alsbald zu reißen.

So hätte Petrie ganz ungewollt nachgewiesen, daß die Ägypter unter Cheops mit einem eisernen, noch wahrscheinlicher mit einem stählernen Sägeblatt hantiert hätten. Nach Ansicht von Löhner handelt es sich aber gerade beim 'Sarkophag' nicht um Säge-, sondern um Schleifspuren. Sie treten in dieser charakteristischen Form auf, wenn ein Schleifstein an Seilen immer wieder über diese Fläche gezogen wird.

Abb. 97: Nach D. Arnold läßt sich mit einer Holzsäge (nach einem Grab in Beni Hassan) auch der Deckel eines Sarkophags vom Granitkorpus absägen [Arnold 268]
Abb. 98: Hieroglyphen eines Obelisken aus Luxor. Nachdem auch in der 18. Dyn. kein Eisenwerkzeug zur Verfügung stehen darf, hätten die Ägypter diese feinen Zeichen mit groben Dolerithämmern in den Granit gemeißelt [Ceram 1957, 110]

Würde man Kupferbohrer bei Granit verwenden, so wäre dies der rasche, von sicherem Erfolg gekrönte Versuch, einen langen Bohrer in einen kurzen zu verwandeln. Noch schneller ginge es, einen Kupfermeißel durch Einsatz an Granit in ein unförmiges Gebilde umzuschmieden. Das einzige, was überhaupt ohne Eisen prinzipiell möglich erscheint, ist das Granitspalten durch Vorspannen des Steins. Aber einem solchermaßen gewonnenen Klotz ausschließlich durch Schleifen mit anderen Hartsteinen in exakt rechtwinklige Form zu bringen, überschritte die Geduld einer Dynastie beträchtlich.

'Superhartes' Kupfer und Dolerit

Wir haben andernorts bereits seltsame Aussagen zu Kupferwerkzeug von Koryphäen wie Arnold, Breasted, Goyon, de Morgan oder Petrie zitiert [Löhner/Illig]. Manche erzählen einfach davon, daß Kupfer den Granit wie Butter schneiden könne. Andere kennen scheinbar konkrete Details. So müßte man G. Goyon zufolge im Niltal ein geheimnisvolles Steinschneideverfahren mutmaßen [Goyon 232], das später keinem Handwerker, sondern nur noch science-fiction-Autoren einfiel. Da wird bei F. Petrie das Kupfer durch Hämmern fast so hart wie Flußstahl [Petrie 1909, 100], da wird bei J. de Morgan Kupfer "molekular" so raffiniert gehärtet, daß die Wirkung sich nur dann verliert, wenn dieses Kupfer in ein Grab sinkt [Morgan 216f]. Denn alles ägyptische Kupfer, das gefunden wurde, ist genauso weich wie heutiges Kupfer. All dies läßt Seriosität, Kompetenz, Kritikfähigkeit vermissen; hier geht Wissenschaft leider nahtlos in Pseudo-Wissenschaft über.

Die Reihe ganz unkritischer Äußerungen läßt sich beispielsgebend mit zwei Pyramidenspezialisten fortsetzen, von denen nur einer darauf verweist, daß er von reinen Vermutungen spricht:

Jean-Philippe Lauer schreibt seltsamerweise nicht in seinem Kapitel über pseudowissenschaftliche Theorien, sondern in dem über technische Kenntnisse:

"Fachleute sind der Meinung, daß sie [die Ägypter] sich auf ein spezielles Härteverfahren verstanden hätten, das wir heute nicht mehr kennen" [Lauer 243].

Und I.E.S. Edwards scheint für sein Pyramidenbuch aus derselben trüben Quelle, nämlich Morgan [216f], zu schöpfen:

"Weil Kupfer das einzige Metall für Werkzeuge war, das unseres Wissens in Ägypten vor dem Mittleren Reich verfügbar war, wird vermutet, daß die Ägypter einen heute verlorenen Prozeß beherrschten, bei dem Kupfer ein sehr hoher Härtegrad verliehen wurde. Aber diese Vermutung ist noch nicht bewiesen worden" [Edwards 250].

Zum Glück oder zum Unglück wird ein Postulat auch durch gebetsmühlenartiges Wiederholen nicht zur Realität.

In jüngster Zeit wurden zwei weitere Ansichten vertreten. D. Arnold präsentierte eine Art Rebsäge, die nicht nur Holz teilt, sondern auch Granitscheiben in Sarkophagdeckelgröße liefern soll [Arnold 1991, 268]. Doch vermeidet er es, explizit von Kupfer zu sprechen, obwohl die entsprechenden Grabfunde allesamt aus Kupfer sind. Stattdessen präsentiert er eine umfassende Tabelle für Stein- und Metallwerkzeuge, bei der jedoch der Hinweis fehlt, ob sich hinter "Metal Tools" Kupfer, Bronze oder Eisen verbirgt [Arnold 1991, 258ff]. Insofern könnte es sich auch um eine Eisensäge handeln, die gleichwohl als Granittrenngerät überfordert wäre.

Dagegen stellen R. und D. Klemm klar, daß sie für Altes (und Mittleres) Reich nur Kupferwerkzeug gelten lassen. Die trotzdem vorzufindende Granitbearbeitung erklären sie ausschließlich mit Werkzeugen aus Hartgestein. Dafür können sie im Steinbruchgebiet von Assuan Dolerit als Ganggestein vorweisen, das praktischerweise in Hammergröße auswittert und dort noch immer in allen Phasen der Abarbeitung herumliegt [Klemm/Klemm 313f]. Ebenso zeigen sie anhand umfangreichen Bildmaterials, daß die in den dortigen Steinbrüchen verbliebenen unfertigen Architekturteile und Rohstatuen - praktisch durchwegs aus dem Neuem Reich und aus der Römerzeit - allesamt in "weichen" Formen herausgeschlagen sind, die sie auf anfänglich scharfkantige Dolerithämmer zurückführen [etwa Klemm/Klemm 310, 313]. Wenn diese weichen Abschläge unmittelbar neben Meißelrillen auftreten, dann grenzt eben der pharaonische direkt an den ptolemäischen Abbau [Klemm/Klemm 313].

Das Ehepaar Klemm verläßt sich für die Praxis ganz auf die Versuchsreihen von J. Roeder aus dem Jahre 1965. Dieser glaubte, daß versierte Arbeiter mit einem Doleritstein binnen einer Minute 12 Kubikzentimeter Granit abtragen können und errechnete daraus eine Tagesleistung von 6.000 cm^3 [Klemm/Klemm 322]. Leider hat er bei diesem Achtstundentag keine Minute Pause vorgesehen. Wer aber auch nur 1 Stunde, noch dazu ohne federnd-schützendem Hammerstiel, unentwegt mit Stein auf Stein schlüge, wäre für den Rest des Tages außer Gefecht. Insofern können die so ermittelten Arbeitsleistungen allenfalls dadurch realisiert werden, daß veracht- und verzehnfachte Mannschaften antreten.

Nachdem Granit dank seiner mikrokristallinen Struktur nicht in größere Stücke zersplittert, sondern kleinweise in Grus verwandelt werden müßte, schätzen wir die Erfolgsaussichten eher gering ein. So "materialschonend" das auch gewesen sein mag, menschenschonend war dieses jahrzehntelange Hämmern mit einem 5-kg-Steinbrocken in der Faust sicherlich nicht. Wenn *Der Spiegel* schreibt, daß das Ehepaar Klemm die Antwort auf das Granitbearbeitungsproblem gefunden hätte [Anonym 1993], so konterkariert er seine eigenen Worte mit dem daneben abgebildeten Obelisken. Denn wer könnte mit grobschlächtigen Doleritstücken jene feingeformten Hieroglyphen in den Obelisken gehämmert haben? Deren vielfach gekrümmten, in der Tiefe rechtwinkligen Eintiefungen können bis zum Beweis des Gegenteils ausschließlich mit einem Stahlmeißel erzeugt worden sein; allein ihr letzter Schliff ist bei den kleinteiligen Ornamenten mühsam genug. Und ob die 'weichen' Oberflächen ausschließlich mit Dolerit oder nicht auch mit Metallmeißeln erzeugt oder vorbereitet worden sind? Die gute Antwort des Ehepaars Klemm ist noch immer keine hinreichende.

Dieter Arnold hat bereits dagegen protestiert. Er ist sich des Problems trotz seiner 'Rebsäge' durchaus bewußt, zitiert er doch D. Stocks Beurteilung:

"Wir wissen, daß harter Stein wie Granit, Granodiorit, Syenit und Basalt nicht mit Metallwerkzeugen behauen werden kann" [Arnold 1991, 48].

wobei D. Stock Eisen oder Stahl nicht mit einschloß, weil er für das alte Ägypten ohnehin nur Kupfer und Bronze im Auge hatte. Arnold weiß auch, daß schon A. Zuber an einem halben Dutzend Keillöchern in Granit fast

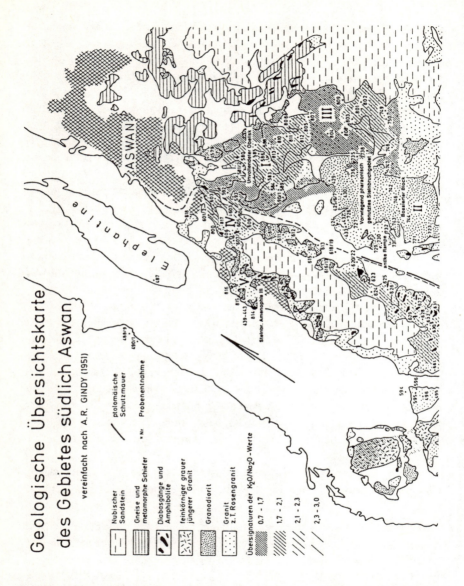

Abb. 99: Nilnahe Granitsteinbrüche in Assuan rings um den unvollendeten
Obelisken [Klemm/Klemm 307]

140

verzweifelt ist, weil selbst Bronzemeißel "no effect" zeigen [Arnold 1991, 39, 54; Zuber]. Außerdem weiß er um Kalksteinblöcke aus der Zeit von Mykeri-nos, deren überaus saubere rechtwinklige Zurichtung schwerlich durch Steinwerkzeuge erzielt sein kann, zumal sich Steinmeißel geeigneter Form nur allzu selten finden [Arnold 1991, 42].

Möglicherweise ist ihm auch bekannt, daß der von ihm zitierte Roeder in die Irre lief. Dieser wies nach, daß erst in ptolemäischen Steinbrüchen Blöcke mit Keilen aus der Wand gesprengt wurden, davor aber mit Holz-hebeln, die in Wasser aufquollen [Arnold 1991, 33]. Doch zumindest heute läßt sich Granit in keiner Weise mit aufquellendem Holz spalten. Das ergaben unsere Befragungen und eigene Versuche, die sich in diesem Falle mit der Meinung Goyons decken. Er duldete hier wider ägyptologisches 'Wissen' den Einsatz von Eisenmeißeln [Goyon 86].

Immerhin weist Arnold der Ägyptologie einen Weg aus der Sackgas-se. Denn er sieht in der allein aus Meißelspuren gewonnenen Abfolge
- weiche Kupfermeißel im Alten und Mittleren Reich,
- härtere Bronzemeißel im Neuen Reich,
- Eisenmeißel in Ptolemäer- und Römerzeit
einzig und allein den Nachweis für spezielle Werkzeugformen, nicht aber den Nachweis für Werkzeuge aus verschiedenem Metall. Und er kann sich nicht vorstellen, daß zwei Reiche lang nur der für die Steinbearbeitung ungeeignete Spitzmeißel in Einsatz gewesen wäre, bis endlich im Neuen Reich der geeignete Flachmeißel benutzt wurde [Arnold 1991, 33; er reagierte hier auf eine Vorabversion von Klemm/Klemm]. Arnolds Ansatz wird im Schlußkapitel aufgegriffen.

Dafür bringt das Ehepaar Klemm eine zunächst gut verständliche Form des Granitabbaus in die Diskussion. Demnach war das Gelände von Assuan, das rund 20 km² umfaßt, mit Findlingen übersät, Produkte der für Granit typischen Wollsackverwitterung. Diese Blöcke mußten nur noch mit Steinhämmern von ihren Verwitterungskrusten befreit werden, um in die Endbearbeitung gehen zu können [Klemm/Klemm 307f, 318].

Wer allerdings heutige Steinbrucharbeiter befragt, ob sie derartige Verwitterungsprodukte für so wichtige und gewichtige Bauteile wie die Granitträger über der 'Königskammer' verwenden würden, erhält negativen

Bescheid. Bei hohen Ansprüchen - und diese sind in der Cheopspyramide allemal gegeben - wird immer Stein gewählt, der direkt aus festem Felsgefüge gebrochen wird. Überträgt man diese Regel auf das alte Ägypten, dann stehen wir erneut vor der Frage, wie damals große Bauteile aus dem Fels geholt wurden. Dies scheint umso schwieriger zu sein, weil

"pharaonische Steinbrüche im Granitgebiet von Aswan schwer
auszumachen sind, da sie im allgemeinen nur durch einen Nega-
tivbefund zu fassen sind, aus Lücken im Gelände, bedeckt mit
Abschlagschutt und häufig auch verworfenen Dolerithämmern
[Klemm/Klemm 309].

Ptolemäische und römische Steinbruchaktivitäten haben dagegen deutliche Spuren hinterlassen.

Wir glauben, daß sich hier die Zuordnung von Arbeitsmethoden und Werkzeugen in einem Zirkelschluß bewegt, der darin seinen Anfang nahm, daß Holz-, Stein-, Bronze- und Eisenwerkzeuge nicht zeitgleich nebeneinander geduldet wurden. Er setzte sich fort, weil die klassische Pyramidenzeit Äonen vor der Eisenzeit angesiedelt wurde und folglich Eisen nicht ins Blickfeld rücken durfte und darf, obwohl frühere Forscher bereits den möglichen Schluß gezogen hatten, eine viel längere, bis zu den Pyramiden zurückreichende Eisenzeit zu fordern [Garland/Bannister 1927, 104].

Die eisenzeitliche Pyramide

Unabhängig von der nachgewiesenen Granitbearbeitung in 'weichen' Formen gehen wir davon aus, daß unter Cheops erstmals Eisen verfügbar war. Denn sein Vater Snofru verwendete noch keinerlei Hartgestein in seinen Bauten, während sein Sohn Chephren 17.000 m³ und sein Enkel Mykerinos 15.000 m³ an Granit verbaut haben [zu unserer Hypothese Heinsohn/ Illig 1990, 162-167, 324-339 und Löhner/Illig 1992; zu den Granitmengen Klemm/Klemm 321]. Die Klemm'sche Schlußfolgerung, dies wurde "durch die Einführung der Steinhammertechnik" möglich [Klemm/Klemm 321], greift unserer Meinung nach entschieden zu kurz. Wir stellen aber die chronologischen Konsequenzen unserer Prämisse zurück und schildern zunächst den Weg der Granitmonolithen vom Steinbruch bis zur Pyramide aus unserer 'eisernen' Sicht.

Für alle wichtigen Granitbauteile wählte man bergfrisches Felsgestein. Das gilt vor allem bei der Cheopspyramide, in der ohnehin noch relativ wenig Granit verwendet worden ist. Bei seiner einstigen Abkühlung bildete Granit sphäroidal angeordnete Schrumpfungsflächen aus, die bei späterer Erosion zu kantenrunden Blöcken ("Wollsäcken") führen. An diesen Flächen ist eine Trennung durch das Eintreiben von Keilen möglich. Um nun Blöcke der gewünschten Größe zu erhalten, wird entlang einer Linie eine Reihe von Löchern gebohrt und das Stück durch das Eintreiben von Keilen abgespalten. Dieser Vorgang kann zur weiteren Zerkleinerung wiederholt werden. In heutigen Steinbrüchen wird Kleinkopfpflaster, Randstein oder Großquader in derselben beschriebenen Weise gebrochen.

Das Löcherbohren geschieht heute mit widiabestückten Preßluftbohrmaschinen. In früheren Zeiten benutzten Steinbrucharbeiter hartgeschmiedete Meißelbohrer, die sie 'Bohreisen' oder einfach 'Eisen' nannten. Da selbst diese Eisen im harten Gestein sehr rasch stumpf wurden, war eine Anzahl geübter Schmiede mit entsprechender Werkstatt unabdingbare Voraussetzung für jeden Granitsteinbruch. Wir schlagen auch für das alte Ägypten Eisenmeißel vor.

Das Abspalten ging so vor sich: Ein Fellache saß auf der Oberfläche des abzuspaltenden Blocks und hielt das Bohreisen auf die vom Meister gekennzeichnete Bohrstelle. Um ihn herum standen drei Arbeiter und schlugen abwechselnd mit schweren Vorschlaghämmern auf das Eisen. Nach jedem Schlag drehte der Eisenhalter den Bohrer um ein Achtel. War das erste Loch - abhängig von der Blockgröße - 10 bis 15 cm tief und anschließend auch die ganze Lochreihe fertig, dann wurden hartgeschmiedete Eisenkeile in die Löcher gesteckt. Sie wurden gutgeschmiert - d.h. eingefettet - zwischen Metallstreifen eingetrieben; nur so, nicht mit aufquellenden Holzkeilen, kann Granit gespalten werden. Die aufgefundenen 'Kupfermeißel' können nur als Spaltkeile gedient haben; sie werden in derselben Form und Funktion noch heute verwendet. Es muß ergänzt werden, daß in der Cheopspyramide sogar Eisenreste gefunden worden sind [Lucas/Harris 237], Eisen also von uns nicht einfach postuliert wird [Heinsohn/Illig 327f]. Daß sich kein Eisenmeißel fand, ist leicht erklärt: Das damals ungemein kostbare Eisen ist immer wieder sorgfältig eingeschmolzen worden, und der Rost tat ein übriges.

Nicht alle Granitsteine des Cheops sind groß genug, um mehr als ein Arbeitsteam gleichzeitig zuzulassen. Dieses Team bestehe aus 2 Schichten zu je 1 Meißelhalter und 9 Schlagmännern, insgesamt also aus 20 Arbeitern. 3 Hämmerer schlagen fünf Minuten lang abwechselnd auf den Meißel. Dann werden sie von der nächsten Dreiergruppe, diese von der dritten abgelöst. Nach halbstündiger Arbeit tritt der andere Meißelhalter mit den übrigen neun Hämmerern an. Anders war die Schwerstarbeit - entgegen Roeders Meinung - nicht zu schaffen.

Zum Glück für einen raschen Arbeitsfortschritt verlangte die Cheopspyramide relativ wenig Granitsteine. Insgesamt sind es rund 500, von denen allerdings über 100 sehr schwer - um die 40 t - ausfielen. Für Cheops' Steine blieb ausreichend Zeit in den Granitsteinbrüchen und für den Transport, mußte doch der Gesamtbau eine Höhe von über 40 m erreicht haben, bis der erste Granitstein einzubauen war, und er mußte auf fast 70 m gewachsen sein, bis der letzte Granitriegel der obersten 'Belastungskammer' eingefügt werden konnte.

Wenn 1 Team auch nur 1 'normalgroßen' Stein am Tag aus dem Felsen bräche, genügten 4 Teams vollauf, um binnen *Halbjahresfrist* sämtliche Granitsteine zu produzieren. Wir erhöhen diese Frist um das Zwanzigfache, also auf 20 Tage je Team und Block respektive auf *10 Jahre,* zumal damit keine Zeitlimits verletzt werden.

Ein Verladeteam von 20 Mann hievt die Granitsteine auf die Schlitten, weitere 25 bringen die Steine zur Verladestelle, die bis zu 1,5 km entfernt liegen konnte. Ihre Mannschaftsstärke bemißt sich so: Für eine Entfernung von 1,5 km zwischen Steinbruch und Fluß braucht ein Schlitten 75 Minuten, für Pause und Rückweg weitere 45 Minuten. So bringt bei 500 Minuten täglicher Arbeitszeit eine Mannschaft 4 Steine am Tag bis zum Nil, die jedoch gar nicht in solcher Zahl angefallen wären. Das ergibt insgesamt eine erstaunlich kleine Assuan-Mannschaft von 150 Mann:

80 Steinbrecher in 4 Teams
14 Schmiede und Helfer
10 Meister, Schreiber, Wasserträger, Verpfleger usw.
20 Verlader
25 Schlepper
 1 Oberaufseher.

Wir sehen, daß die Granitsteinbrüche von Assuan zwar Spezialisten und Strafgefangene brauchen, aber keine Völkermassen, um das Material für die große Pyramide bereitzustellen. Selbst wenn wir die fünffache Anzahl von Steinarbeitern in die Steinbrüche schicken würden, wären erst 750 Mann in Assuan zugange. Nur für die 40-Tonner mußte von Zeit zu Zeit eine große Zugmannschaft von bis zu 180 Schleppern zusammengestellt werden.

Die Pyramide des Pythagoras ?

Pythagoras aus Samos ist allen Gymnasiasten hinreichend bekannt durch seinen berühmten Lehrsatzes, wonach die Quadrate über den Seiten aller rechtwinkligen Dreiecke der Formel gehorchen:

$$a^2 + b^2 = c^2.$$

Ungeachtet dessen, daß "der Pythagoras" nicht vom Pythagoras des -6. Jhs. bewiesen worden sein muß, gibt es einige pythagoräische Dreiecke mit ausschließlich ganzzahligen Längeneinheiten. Am berühmtesten ist die Relation 3:4:5, die sich so schülergerecht rechnet: 9 + 16 = 25. Wir erinnern uns, daß Chephren für seine Pyramide die Relation 4:3 wählte und so zu einer Pyramide pythagoräischen Zuschnitts kam. Die anderen ganzzahligen Relationen drängen sich weniger als 'Schnittmuster' für Pyramiden auf: 5:12:13 oder 7:24:25 oder 119:120:169.

Chephrens Vater Cheops hatte 3:4:5 verschmäht und sich für 14:11 entschieden. Gleichwohl entsteht bei näherem Hinsehen der Eindruck, daß er mit seiner Pyramide dem oder 'dem' Pythagoras ein Denkmal setzen wollte.

So zeichnet sich die Position der 'Königskammer' innerhalb des Baus dadurch aus, daß sich in dieser Höhe die Oberfläche des Pyramidenstumpfes gegenüber seiner Grundfläche von 53.000 m² halbiert hat; das genaue Niveau liegt 65 cm über den 42,28 m des Kammerbodens, durchzieht also den 97 cm hohen 'Sarkophag' [Illig 1992a, 132]. Diese praktische Anwendung des 'Pythagoras' kam seinem Beweis um 2.000 Jahre zuvor.

Noch eindeutiger tritt "der Pythagoras" in der 'Königskammer' selbst auf. Ihre Maße von 5,24 m · 10,49 m · 5,84 m entsprechen in ägyptischen

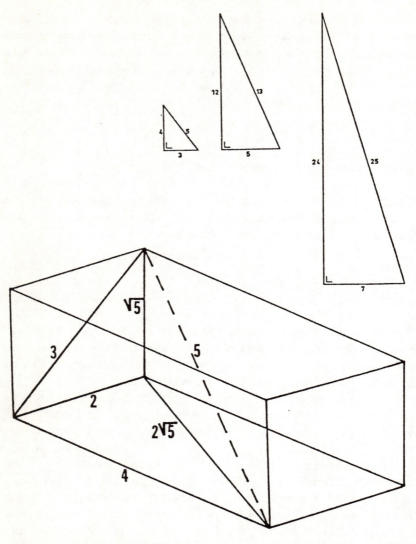

Abb. 100: Drei pythagoräische Dreiecke; das linke entspricht dem halben
Aufriß der Chephrenpyramide [Kracke 57]
Abb. 101: Die pythagoräische 'Königskammer' mit beiden Relationen:
Stirnseite 2 : √5 : 3, Gesamtkammer 3 : 4 : 5 [Fix 20]

Königsellen 10 · 20 · 11,14. Warum wurde nicht auch die Kammerhöhe ganzzahlig gewählt? Hier setzten die Ägypter Kontrolle über Vertrauen. Eine Wand ist dann im Lot, wenn ihre beiden Diagonalen gleichlang sind. Deshalb wählte man bei den Schmalseiten eine glatte 15-Ellen-Diagonale. Daraus errechnet sich eine Kammerhöhe von 5,858 m, die in der Praxis nur minimal verfehlt worden ist.

Darüberhinaus eröffnete sich eine weitere Kontrollmöglichkeit quer durch die Kammer, die eher einem kleinen Saal gleicht. Aus der Wanddiagonale zu 15 Ellen und der Längsseite zu 20 Ellen ergibt sich zwingend eine Raumdiagonale von 25 Ellen, was zu beweisen war.

Über dem Eingang thront ein Stein, der mit seinem Riesenformat gleich zwei Lagen entspricht. Auch er gehorcht dem 'Pythagoras', wie J.P. Lepre verifiziert hat [Lepre 102].

Herodot wußte, obwohl die Baupläne damals schon seit 2.000 Jahren weggelegt worden waren, noch immer von einer geradezu klassischen Flächenrelation: Jede der vier Seitenflächen der Cheopspyramide ist so groß wie ein Quadrat mit der Pyramidenhöhe als Seite. Das ist "der Pythagoras"

(Gesamthöhe)² + (halbe Basisseite)² = (Höhe der Seitenfläche)²

[Herodot II:124, in der Übertragung von Kracke 43].

Trotz dieser mathematischen Feinfühligkeiten gelten die Ägypter nicht als Vorreiter der Mathematik.

"Nachdem es somit ganz offensichtlich mit den angeblichen, rätselhaften Kenntnissen auf dem Gebiet der höheren Mathematik nichts ist, die Altägyptens Architekten vor mehr als 4000 Jahren beim Bau der großen Pyramiden, insbesondere der Cheopspyramide, entwickelt haben sollen, ist es an der Zeit,"

uns den ägyptischen Papyri zuzuwenden [Mendelssohn 71]. Die ältesten mathematischen Abschriften, die uns erhalten sind, stammen aus der Zweiten Zwischenzeit, also ungefähr aus dem -17. Jh. Sie spiegeln vorrangig das Interesse der eingedrungenen Hyksos wider, nicht das der Ägypter selbst, deren mathematische Anfänge gleichwohl im Mittleren Reich zu finden seien.

Die mathematisch hochbegabten Griechen im Gefolge von Pythagoras sollen nach heutiger Gelehrtenmeinung späte Schüler der altbabylonischen

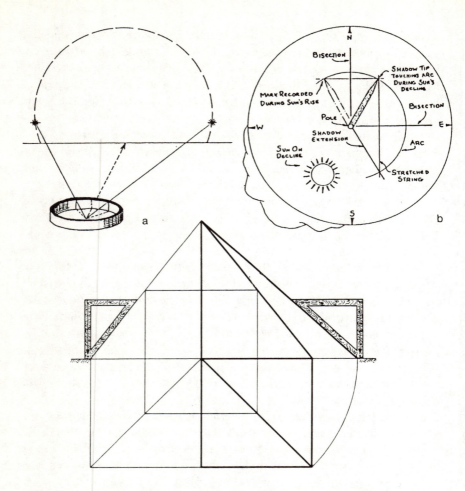

Abb. 102: a) Nordbestimmung mit künstlichem Horizont und Sternbeobachtungen nach Edwards b) mit Hilfe der Halbierung zweier Sonnenschattenmessungen nach M. Isler [Stadelmann 1990, 254]

Abb. 103: Rißmethode nach A. Kottmann: Der Aufriß wird im Maßstab 1:1 auf eine Ebene gezeichnet und um eine Hälfte des Grundrisses ergänzt. Durch Verschwenken der Diagonale erhält man wahre Länge und wahre Neigung der vier Grate. Mit hölzernen Winkellehren könnte die Einhaltung der Maße am Bau geprüft werden [Kottmann 39]

Mardu sein, die zwischen -2000 und -1700 'den Pythagoras' in Ton geritzt haben. Wie allerdings das Wissen transferiert werden konnte, ist ganz ungeklärt, weil sich die Babylonier nach tausendjährigem 'black-out' erst nach -600 erneut an der Mathematik versucht haben. Wenn nicht chronologische Einschränkungen zu machen wären, müßte man im Falle des Pythagoras von einer eisenzeitlichen Geometrie an einer frühbronzezeitlichen Pyramide sprechen. (Dazu und zu den daraus erwachsenden chronologischen Problemen vgl. Heinsohn/Illig 41, 99-102, 325, 339 und Illig 1992b, 131-135).

Vermessungsprobleme

Wir riskieren noch einen Seitenblick zum Problem der Pyramidenvermessung. Als ein Hauptproblem neben der stupenden Genauigkeit bei der Bodennivellierung gilt die exakte Justierung nach den Himmelsrichtungen. Ist sie seit Otto Neugebauers Vorschlag von 1980 noch ein Rätsel? Sein Verfahren funktioniert so:

Man nimmt ein präzis gearbeitetes Pyramidion und setzt es so auf die absolut ebene Fläche des zukünftigen Bauwerks, daß zwei Kanten ungefähr Süd-Nord verlaufen, und verlängert diese Kanten als Linien auf der Basisfläche. Dann beobachtet man während eines Tages, an welchen Punkten der Schatten des Pyramidions diese beiden Linien schneidet. Sind beide Kanten-Linien-Abschnitte absolut gleichlang, ist das Pyramidion genau nach Süd-Nord orientiert. Sind sie es nicht, wird das Pyramidion etwas gedreht und am nächsten Tag erneut gemessen. Dieses Verfahren führt bei täglicher Wiederholung zu beliebig genauen Resultaten. So könnten die alten Ägypter ohne jede Kenntnis von Himmel und Astronomie und vor allem auch ohne exakt im Norden stehenden Polarstern die Cheopspyramide justiert haben [Neugebauer].

Dieser Weg zur exakten Justierung könnte über eine Zwischenstation geführt haben. Nachdem das Pyramidion die Süd-Nord-Achse in guter Näherung wies, wurde die erste der drei Nebenpyramiden, die ohnehin wie im Maßstab 1:5 verkleinerte Modelle der Hauptpyramide wirken [Kczinski laut Michalowski 140], als 29 m hoher Gnomon errichtet. Mit den nun möglichen Messungen, die durch eine zweite Nebenpyramide noch einmal präzisisiert werden konnten, wurde die Hauptpyramide so 'ins Lot' gebracht, daß noch heute die Präzision Staunen hervorruft. Leider funktioniert diese elegante Methode nur in wenigen Wintermonaten, weil bei höherstehender Sonne ein Pyramidion genausowenig wie eine Pyramide mit 52° Böschungswinkel um die Mittagszeit einen Schatten wirft...

Schon der Schatten eines Obelisken oder eines anderen Gnomon würde bessere Dienste leisten, doch das wird in der einschlägigen Literatur erst seit Isler gesehen [Stadelmann 1990, 254]. In einer längeren Meßreihe kann mühelos für jeden Tag der Punkt festgelegt werden, bis zu dem der kürzeste Schatten reicht. Spätestens nach einem Jahr können die Beobachter eine präzise Gerade zeichnen, die vom Obelisk genau nach Norden weist. Leider liegen diese Meßpunkte allesamt nicht weit vom Schattenwerfer entfernt, weil nun einmal die Sonne Ägyptens sehr hoch steht.

Insofern erscheint es zweckmäßiger, auf einen künstlichen Horizont für allnächtliche Messungen zurückzugreifen, wie ihn I.E.S. Edwards in die Diskussion eingebracht hat. Als solcher dient eine gerade oder gekrümmte Mauer mit absolut waagrechter oberer Abschlußkante. Von einem festgelegten Beobachtungspunkt aus wird während einer Nacht darauf geachtet, wie Sterne bei ihrer Zirkumpolarbewegung hinter dieser Mauer unter- und wieder aufgehen. Die beiden Punkte des 'Mauerkontaktes' eines Sterns werden markiert. Zwischen diesen Meßpunkten, genau in ihrer Mitte, liegt die exakte Nordrichtung [Edwards 246ff].
Diese Methode hat den großen Vorteil, daß durch die nächtliche Peilung eine sehr viel längere Meßstrecke festgelegt werden kann, sogar über die ganze Pyramidenseite hinweg. Damit ist maximale Genauigkeit zu erzielen. Auch sie funktioniert unabhängig davon, ob damals ein Stern exakt an der Stelle des Himmelsnordpols gestanden ist. Eine Variante dieser Methode ist von J. Dorner in der Praxis ausprobiert und für gut befunden worden [vgl. Stadelmann 1990, 254].

So ist nachvollziehbar, daß drei Pyramidenseiten um den absoluten Minimalbetrag von weniger als 2,5 Bogenminuten von der Nord-Süd-Richtung abweichen. War aber die Messung als solche kein Wunder, so sollte man vielleicht doch die exakte Bauausführung, die an keinem anderen großen Bauwerk überboten worden ist, als ein solches bezeichnen.

Über Bauzeichnungen wissen wir so gut wie nichts. Die Präzision der Ausführung scheint jedoch genaueste Vorlagen vorauszusetzen. Der mutigste Vorschlag kommt hierzu von Kottmann und Heise. Ihrer Meinung nach haben die Architekten den Aufriß in natürlicher Größe auf eine plane Fläche geritzt und um eine Grundrißhälfte ergänzt. So erhielten sie 'abgreifbar' die wahre Länge und Neigung der vier Grate [Kottmann 38f]. Doch wo hätte dieser Riesenplan ausgebreitet werden sollen? Da Kottmann uns die Lösung überläßt, sähen wir allein die Grundfläche der späteren Chephrenpyramide. Doch die diente nach gängiger Meinung damals als Bauhof für Cheops. Für eine Funktion als Reißbrett hätte nicht nur ein anderes, ebenso nahegelegenes Bauhofterrain gefunden werden müssen, sondern die gesamte, ziemlich schräge Fläche schon unter Cheops nivelliert werden müssen, eine ganz unwahrscheinliche Vorstellung. Insofern sollten wir eher Papyrusblätter ins Kalkül ziehen.

Aufklärung läßt sich von den Ausgrabungen vor Ort erwarten. Gegen erhebliche Widerstände im eigenen Land sind Zahi Hawass, dem Direktor und Ausgräber von Giza, 1992/93 eine ganze Reihe von Entdeckungen gelungen: von der kleinen Satellitenpyramide an der Südost-Ecke der Hauptpyramide über den Taltempel und den abgewinkelten Aufweg bis zur Arbeiter-, Künstler- und Priesterstadt. Er kann auch Markierungen auf den Felsen des Giza-Plateaus präsentieren, die als Probestrecke für eine Pyramide gelten [Kastner 1993]. Wenn alle Ausgrabungen durchgeführt und veröffentlicht sein werden, können wir auch die Vermessungstechnik der Pharaonenzeit besser einschätzen.

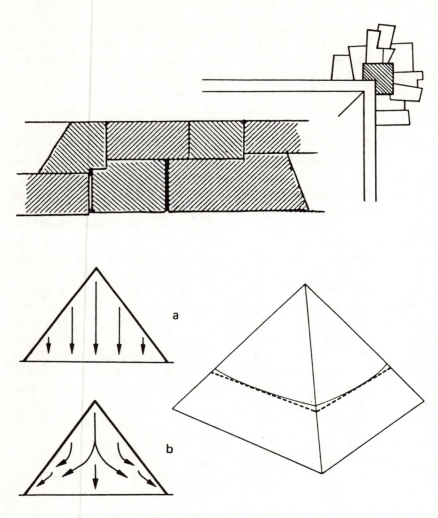

Abb. 104: Schräg- und Winkelfugen an den Verkleidungssteinen [Goyon 158]

Abb. 105: Vielfach verzahnte Fundamentblöcke rings um einen Eckstein [Fix 239]

Abb. 106: Nach außen wirkende Druckkräfte in einer schlecht gebauten Pyramide [Mendelssohn 91]

Abb. 107: Leichtes Anböschen einer Steinlage zu den Ecken hin als Schutz gegen schräge Schubkräfte [Mendelssohn 114]

Vom Pyramidenstumpf zur Spitze

Wir bleiben auf dem Niveau der 'Königskammer', versetzen uns aber in eine Zeit, in der diese Kammer noch nicht begonnen worden ist. Auf dem freien Plateau trafen pausenlos neue Steine ein; wie wir gehört haben, bis zu 1 Stein pro Minute. Doch das hört sich dramatischer an, als es im Regelfall war. Denn in dieser Höhe besteht eine Steinlage aus rund 16.400 Steinblöcken. Diese Fläche ist immer noch so groß wie vier Fußballfelder und bietet zahlreichen Arbeitstrupps reichlich Platz.

Auch hier oben werden Schienen verlegt, auf denen der beladene Schlitten weitergleiten kann. Am Verlegeplatz wurde der Steinblock losgebunden, mit mehreren kräftigen Hebeln angehoben und unterbaut, dann Schlitten und letztes Schienenstück entfernt. Nun wird der Quader mit Hilfe einer einzigen Rolle und mehrerer Hebel an Ort und Stelle befördert, die Rolle entfernt, die endgültige Position mit den Hebeln erzwungen. Der Block lag in seiner definitiven Position und schon wurde das letzte, bewegliche Schienenstück zum nächsten Verlegeplatz gerückt. Die kreissegmentförmigen Ausrichthilfen von Clarke und Engelbach belassen wir im Magazin, weil der Stein in seine Endposition erst ausgerichtet werden kann, nachdem er von diesen Holzteilen heruntergehievt worden ist. Auch dieses vermeintliche Hilfsmittel ist wie so manch anderes praxisuntauglich.

Wir bringen 7 Verlegemannschaften für jedes der 4 auf diese Höhe führenden Aufzugsysteme in Ansatz. Weil die leicht verschiebbaren Schienenstücke wohl nicht so gleitfreundlich waren wie die fest verlegten Geleise in der Ebene oder an der Bauflanke, gehen wir von 13, nicht von 11 Schleppern je Mannschaft aus. Hinzu treten hier jeweils 13 Hebler, Steinmetze, Gleisbauer, Aufseher, Wasserträger etc. Wir hätten also insgesamt $26 \cdot 28 = $ **728 Mann als Verlegungstrupps** im Einsatz. Wir berücksichtigen diesen Mittelwert bei unserer Gesamtrechung in dem Bewußtsein, daß diese Zahl beim Hochwachsen der Pyramide überboten, aber auch weit unterboten worden ist.

Soweit wir erkennen können, sind die Steine im Inneren der Pyramide weniger präzis aneinandergefügt als an den Außenseiten. Insofern benötigte man auch wenig abschließende Steinmetzarbeit, wenn die Blöcke mit hinreichend senkrechten Flächen angeliefert wurden.

Die hier geschilderte Methode verlangt, was der Bauarchäologe ohnehin nachgewiesen hat: Die Verkleidungssteine mußten mit der jeweiligen Steinschicht zugleich verlegt werden. Es kann ja auch gar nicht anders sein. Die Verfechter einer Spiralrampe übersehen eines. Ihr Wendelschneckenpfad verdeckt zwar fast die gesamte Oberfläche, erreicht aber keineswegs alle Steinpositionen der Oberfläche direkt. Daraus resultiert die unangenehme Notwendigkeit, daß bei Abbau der umhüllenden Rampe ununterbrochen kleinere Rampen so gebaut werden müßten, daß alle Verkleidungssteine ihre Positionen in der Außenhaut erreichten. Der Aufwand dafür ist ein Ding der Unmöglichkeit, zumal das Abbruchmaterial keineswegs ein zweites Mal Verwendung finden konnte. Luftgetrocknete Lehmziegel zerbrechen und zerbröckeln beim Abbruch, weshalb ständig neugebackene über die Hauptrampe herangeschafft werden müßten. Damit ist die Spiralrampe noch endgültiger ausgemustert.

Glättung und Steinverbund

Bei unserer Lösung wird die Glättung der Verkleidung vom Pyramidenstumpf aus vorgenommen. Das wäre in den höheren Lagen sogar im Liegen zu machen, weil die Steine im Schnitt ja nur noch 60 cm hoch sind. Trotzdem werden wir von Arbeitsbühnen ausgehen können, die an zwei Tauen von oben an die Schräge gehängt wurden, um möglichst bequem die Glätt- und Schleifarbeiten ausführen zu können. Hierfür genügten 20 Mann. Denn wir dürfen bedenken: In Höhe der 'Königskammer' werden je Schicht rund 650 Verkleidungssteine verlegt, während 16.400 Innensteine plaziert werden müssen. Wenn - das entspricht unserer Grundprämisse - jede Minute ein Stein plaziert wird (für den einzelnen Stein bleibt natürlich dank der 28 Verlegungsteams bedeutend mehr Zeit), dann braucht eine einzige Lage über 32 Arbeitstage. In dieser Zeit können 20 Zuschleifer jeweils an einem Arbeitstag einen Verkleidungsstein glätten, also eine Fläche von rund 1,5 m² bewältigen.

Wie sah der damalige Steinverbund aus? Würde heute in Beton gebaut, müßte eine genaue Anzahl von Dehnungsfugen eingeplant werden. Nur so könnte den täglichen hohen Temperaturdifferenzen Rechnung getragen werden, nur so trotz ständiger Ausdehnung und Kontraktion Spannungen im Gesamtgefüge vermieden werden. Durch die Verwendung vieler, großformatiger Steine ist dieses Problem ideal gelöst; wäre es anders, stünden auch diese letzten antiken Weltwunder nicht mehr. Ein zweiter Grund ist die Verlegungsart. Wie jeder Maurer weiß, steht eine Mauer, bei der die Steine einfach aufgehäuft werden, nicht sehr lange.

"Der Zusammenhalt und die Tragfähigkeit des Mauerwerks erwächst aus der vollflächigen und dichten Berührung aller Steinflächen und dem sich daraus ergebenden Reibungswiderstand" [Göres 13].

Deshalb müssen Steine nach einem genau definierten Muster verlegt werden, das mit wachsender Mauerstärke immer komplizierter wird. Bei einschaligem Mauerwerk, das nur eine Steinlage stark ist, sind lediglich die Fugen einer Lage durch die Steine der nächsten Lage zuzudecken. Bei zweischaligem Mauerwerk werden die Steine auch untereinander verzahnt - man spricht von Läufer und Binder, von Block- oder Kreuzverband. Das gilt für Kernmauerwerk wie für Verblendsteine. Diese konnten beispielsweise im "märkischen Verband" mit dem Kern verbunden werden.

Die alten Ägypter haben noch kompliziertere Verbände gewählt. So benutzten sie sehr gerne auch schräge Fugen oder trapezförmige Zuschnitte, um den Bau optimal gegen Spannungen und Rißbildungen zu schützen. Dank einer Bresche auf der Südseite wissen wir, daß sie immer wieder Steine von einer Lage in die darüberliegende hineinragen ließen [Stadelmann 1985, 109]. Für eine solche Verzahnung genügen so wenige Zentimeter, daß sie von Unkundigen übersehen werden kann. Ganz wichtig bleibt aber die wechselseitige Fugenüberdeckung: Jede Fuge wird vom darüber- und darunterliegenden, aber auch vom danebenliegenden Stein überdeckt.

An der Cheopspyramide tritt Mörtel in zwei Varianten auf. Für die Kernmauerblöcke ist eine Mischung aus "Gips, Kalkmehl, Sand und sogar Granitsplittern" reichlich verwendet worden. Welchen Zweck hatte er?

"Um nicht große gewichtige Steinblöcke verlegen und jede Steinfläche paßgenau schleifen zu müssen, wie es die antiken Baumeister noch taten, haben wir die Mörtelfuge erfunden. Der Mörtel ist also kein Klebstoff, der die Steine zusammenkittet, sondern eine härtende Füllmasse" [Göres 13].

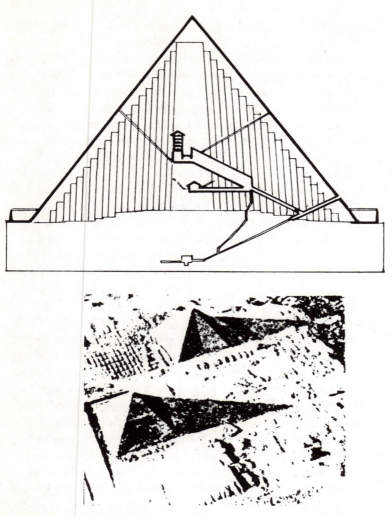

Abb. 108: Borchardt behauptete, die Cheopspyramide sei aus fast senkrechten, ineinandergestellten Kuben erbaut, über denen die Verkleidung lag. Diese unbewiesene Behauptung geistert noch immer durch die Literatur [Goyon 43]

Abb. 109: Ein Photo, um 18 Uhr an einer Tagundnachtgleiche aufgenommen, zeigt die Gizapyramiden im reinen Westlicht. Nur der Cheops-, nicht der Chephrenbau offenbart das Phänomen der 'Taillierung' [Gossart 6]

Um trotz dieser harten Füllmasse Dehnungszonen zu erhalten, sind möglicherweise sandgefüllte Leerräume integriert worden, wie sie Kérisel mikrogravimetrisch im Cheops-Bau aufgespürt und auch faktisch erbohrt hat [Kérisel 70]. Außerdem scheinen, wenn man ins Bauinnere vordringt, die Blöcke nicht durchwegs nahtlos aneinandergefügt zu sein, sondern nach bestimmten Verlegeregeln mit Luft zwischen den Fugen [Arnold 160f].

Dagegen verbindet die erhaltenen Verkleidungssteine ein Gipsmörtel in maximal millimeterstarke Schicht, der wie eine feine Lamelle aussieht [Stadelmann 1985, 109f]. Er könnte als Gleitmittel gedient haben, aber auch als Schutz vor eindringendem Wasser.

Für die Überwachung der Arbeiten oben auf der Pyramide setzen wir 72 Mann an. Hier, wo dieses riesige Puzzle, dieser übergroße Steinbaukasten möglichst reibungslos zusammengesetzt wird, braucht es diese Anzahl an Kontrolleuren, da sie nicht zuletzt bei eventuellen Abweichungen Sorge tragen müssen, diese bei der Planung der nächsthöheren Schicht zu berücksichtigen.

Lange übersehen wurde von den späteren Beobachtern, daß bei dem gewaltigen Gewicht einer so großen Steinmasse eine nach außen gerichtete Kraftkomponente auftritt. Denn eine Masse, die nach unten drückt, will unter ihrem eigenen Gewicht nach außen ausweichen, sofern der Untergrund widersteht. Es entstehen charakteristische Kraftlinien [Mendelssohn 91].

Das Ausweichen der unteren Steine einer Pyramide kann man verhindern, indem man jeden einzelnen Stein zur Mitte hin geneigt einbaut. Diese Methode wird unübersehbar in der 3. Dynastie angewandt, läßt sich aber an der Cheopspyramide nicht nachweisen [Stadelmann 1985, 109]. Trotzdem scheinen die Steinlagen in ihrer Schichtung schräg zur Mitte hin abzufallen, wie dies andere Kenner behaupten [Mendelssohn 114; Lepre 70]. Genau wird man dies erst beim Abbau der Pyramide nachmessen können. Auf alle Fälle sind die Eckblöcke in den Felsengrund eingelassen worden. Das allein würde als Sicherung nicht ausreichen; unter dem gewaltigen Druck würde diese Stützen zerrieben, während die Steine ringsum ausbrächen. Bei der Cheopspyramide ist, wie schon bei Snofrus Pyramide in Dahschur-Nord, die Mitte der jeweiligen Pyramidenseite etwas eingezogen, was sich durch Photoaufnahmen zur Zeit der Sommersonnenwende auch optisch gut nach-

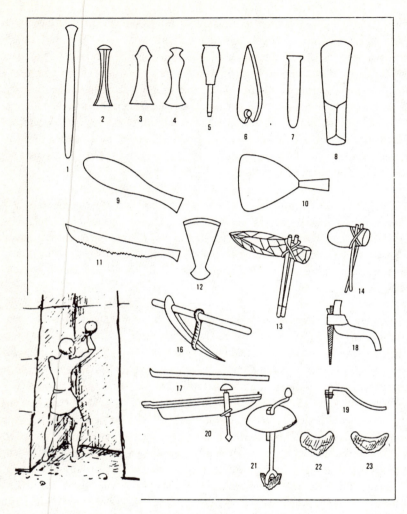

Abb. 110: Das Handwerkszeug der Pyramidenzeit demonstriert lange Tradierung
beim Werkzeug: 1-5,7 Kupfermeißel; 6,12 Kupferschneiden; 8,18,19 Spaten
Dechsel); 9,10 Holzklöpfel; 11 Kupfersäge; 13 Steinbruchpicke; 14 Dolerithammer;
16 Hölzerne Hacke; 17 Hebel; 20-23 Bohrer und Bohrspitzen aus Feuerstein [Goyon
90]. Leider legt G. Goyon den Klöpfel eines Steinmetzes in die Hand eines Steinbre-
chers [Goyon 83], der weder damals noch heute mit ihm gearbeitet hätte.

158

weisen läßt. Vermutlich gehörte auch diese 'Taillierung' zu den statischen Sicherungsmaßnahmen für eine rißlose Oberfläche.

All diese Vorkehrungen dulden eines nicht: Lang durchgehende senkrechte oder waagrechte Fugen. Sie wären ein Instabilitätsfaktor ersten Ranges. (Nur beim Granitkern ist davon auszugehen, daß er ohne Verzahnung in seine Kalksteinhülle 'gesteckt' worden ist.) Schon aus diesem Grund müssen die 'Schalen' der Cheopspyramide entschieden abgelehnt werden, die seit L. Borchardts Veröffentlichung von 1932 immer wieder in der Literatur abgebildet werden [etwa Lange/Hirmer 43], ohne jemals nachgewiesen worden zu sein [Stadelmann 1985, 109]. Die angeblichen, um einen Mittelturm senkrecht gestellten, separaten 38 Kuben wären das sicherste Mittel gewesen, um der Cheopspyramide nur ein sehr kurzes Leben zu sichern. Insofern kann dieses Postulat von Borchardt, das kein späterer Forscher bestätigen konnte, ersatzlos gestrichen werden.

Der Physiker K. Mendelssohn hat sich mit der Pyramide von Meidum beschäftigt. Bei ihr ragt heute ein steiler Innenkern aus einem Schuttkegel heraus. Deshalb sprach er von einem Pyramideneinsturz, der unausweislich gewesen sei, weil der Mantel nicht hinreichend mit diesem Kern verzahnt worden wäre. Gleichwohl wird heute seine These von den Ägyptologen entweder entschieden zurückgewiesen oder der Einsturz des Pyramidenmantels nicht einmal erwähnt [Stadelmann 1985]. Es ist bedauerlich, daß die Ägyptologie derartige Außenseiterideen nur selten akzeptiert, sondern in der Hoffnung übergeht, daß sie obsolet werden. Liegt hierin ein Grund, warum bis heute so viel offensichtlicher Unsinn über den Pyramidenbau in Umlauf geblieben ist? Das endlose Herumschwadronieren über eine geheimnisvolle Kupferhärtung spricht für diesen Verdacht.

Die Realität straft solche Scheuklappenmentalität Lügen. Denn das gefundene Handwerkszeug ägyptischer Pyramidenbauer dokumentiert aufs beste eine jahrtausendelange Handwerkskontinuität bis hin zur Gegenwart. Es kann auch gar nicht anders sein, als daß Werkzeuge über einen sehr langen Zeitraum hinweg fast identische Form bewahren, wenn sie einmal ihrer speziellen Aufgabe entsprochen haben. Änderungen werden erst dann wieder vollzogen, wenn entweder ganz neue Materialien zum Einsatz kom-

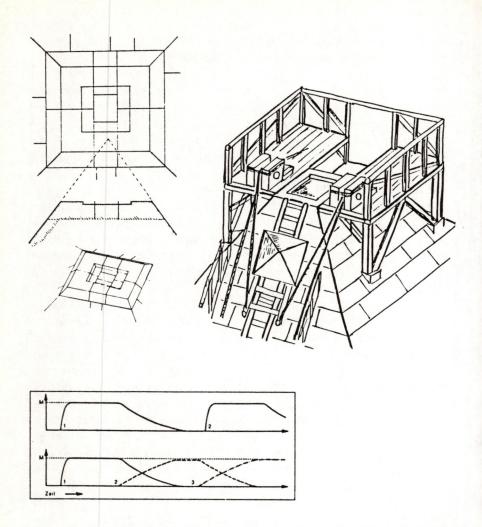

Abb. 111: Chephrenpyramide. Oberste Steinlagen nach Lepsius und Rekonstruktion
des Pyramidions [Stadelmann 1985, 134]
Abb. 112: Arbeitsplattform für das Löhner-Illig-Modell [Zeichnung Illig]
Abb. 113: Schematisches Diagramm für den Arbeitereinsatz beim Bau von
einer Pyramide nach der anderen (oben) und bei zeitlicher Überlappung (unten)
[Mendelssohn 129]

160

men oder - erst in jüngster Zeit - gezielte ergonomische Studien betrieben werden. So geschieht das 'Abschnüren' der Steine, also das Markieren mit einer gespannten, ockergefärbten Schnur noch heute auf dieselbe Weise, so hat der Klöpfel des zurichtenden Steinmetzes noch heute dieselbe Form wie einst bei den Ägyptern. Drückt man allerdings den Klöpfel eines Steinmetzes einem Steinbrucharbeiter in die Hand, wie dies Ägyptologen passieren kann [Goyon 83], dann wird die Handwerkskontinuität verwirrt.

Es spitzt sich zu

Zurück auf die Baustelle. Mit wachsender Höhe der Pyramide reduzieren sich Arbeitsfläche und Arbeitsvolumen zusehens. Die Schlittenaufzüge werden einer nach dem anderen abgebaut, bis auf die letzte Höhe nur noch ein einziger Aufweg führt. Dank der Umlenkböcke treten auch auf stark reduzierter Arbeitsfläche kaum zusätzliche Probleme auf. Die Böcke für den Aufzug stehen ja ganz am Rand der Pyramide und nehmen so nur sehr wenig Platz auf der Fläche ein.

Die schließlich verbleibende Zugmannschaft 'an Deck' kann auch auf einem arg kleingewordenen Areal - beispielsweise 15 · 15 m - noch einen Stein bewegen. Sie behilft sich mit zwei Umlenkböcken, die gegenüber den Aufwegsböcken an der hinteren Kante der Bauoberfläche angebracht werden. Nun kann sie zum Ziehen ihres Blockes auf demselben Leiterweg die Pyramide hinabsteigen, auf dem die Aufzugmannschaft agiert. Außerdem lassen sich die immer kürzer werdenden Strecken auch mit Hebelkraft bewältigen. So gibt es bis zur eigentlichen Spitze keine Probleme. Wie aber sieht es mit dem Pyramidion aus? Wie wird dieser Abschlußstein an seine mehr als exponierte Stelle gebracht? Löhner hat versucht, dieses Geschehen in einem Bild einzufangen.

Vorweg müssen wir F. Abitz und Otto Muck widersprechen. Abitz' oberster Schrägaufzug, temporärer Einbau direkt unter und neben dem 'auf ewig' installierten Pyramidion, wirft die allergrößten Probleme auf, die der Erfinder nicht ausgeräumt hat. Und Muck vermutete, daß die Cheopspyramide in einer Plattform von ca. 2,5 m Seitenlänge kulminierte, auf der eine goldene Scheibe oder Kugel stand [Muck 208-212]. Wir bräuchten gar nicht

Erhard Kästner zu zitieren, der spürte, "es ist die Spitze der Pyramide, welche die Pyramide bestimmt" [Kästner 1976, 343]. Schon der Analogieschluß von der Chephrenpyramide her läßt Mucks Idee sehr unwahrscheinlich wirken. Denn hier können wir noch heute sehen, wie groß das Pyramidion gewesen ist und wie es befestigt war: Die obersten vier Blöcke, die eine Fläche von rund 1,50 · 1,50 m bilden, waren in der Mitte eingetieft; hier rastete das Pyramidion mit seinem flachen Sockel ein und blieb so auch vom stärksten Wind unbeeindruckt [Stadelmann 1985, 134].

Über seine Substanz können wir nur mutmaßen: War es Granit, war es Diorit, war es ein mit Gold überzogener Stein, analog zu den Spitzen der Obelisken? Aus dem Alten Reich kennen wir nur das Snofru-Pyramidion von Dahschur-Nord. Es bestand aus Kalkstein; doch können wir daraus keinen Analogieschluß auf Cheops ziehen, weil an Snofrus Bauten überhaupt kein superhartes Gestein auftritt. Auffällig ist seine Formung, mit der die Stereometrie 'zurechtgebogen' und so buchstäblich auf den Punkt gebracht wird. Denn trotz aller Baupräzision werden die vier Grate und Flächen nie millimetergenau aufeinander zulaufen. Bei Snofrus Pyramidion ist jeder Grat anders geformt, hat jede Fläche eine andere Neigung [Stadelmann 1985, 101, Tafel 29].

Das Aufsetzen des Pyramidions. Eine Illustration

Ruhig und dennoch rasch stiegen fast fünfhundert Männer dicht neben- und hintereinander die Treppenstufen zu beiden Seiten des Pyramiden-Hochwegs hinauf und nahmen ihre Plätze an den Querhölzern der Seile ein; bereits Tausende von Malen hatten sie das schon getan. Tausende von Malen waren sie auch die Pyramide hinabgestiegen; immer das umwickelte Holz vor der Brust mit beiden Händen umklammernd, hatten sie sich - halb darauf liegend - dagegengestemmt und Stein um Stein nach oben gezogen. Immer hatten sie darauf geachtet, gleichmäßig zu ziehen, gleichmäßig zu gehen, das Zugholz nicht zu verkanten, Vorder-, Hinter-, Nebenmann nicht zu behindern, hatten den Anweisungen des Vorarbeiters fast automatisch gehorcht und dennoch Zeit und Atem gefunden, sich zu unterhalten und Späße mit- und übereinander zu machen. Manche waren schon Jahre dabei, andere, junge, erst Monate, aber auch sie waren schon Routiniers.

Im Dämmerlicht vor Sonnenaufgang herrschte noch Morgenkühle, aber bald würde die Tageshitze über sie kommen.

So war es eigentlich wie an jedem Tag auf dieser riesigen Baustelle, und doch war es heute anders. Denn heute setzten sie das Pyramidion, heute krönten sie die Pyramide. Schon seit Wochen stand es bei den Steinmetzen. Es war als grober Block vom Steinbruch gekommen, nur ungefähr zur Pyramide geformt. Dann hatten die Steinmetze die endgültige Form herausgearbeitet. Das forderte ihre ganze Meisterschaft heraus. Denn in ihm liefen vier Grate, vier Flächen zusammen, die trotz bester Messungen während der gesamten Arbeitszeit etwas von der Ideallinie abwichen. Die Steinmetze hatten das auszugleichen. Deshalb hatten sie ganz oben, als nur noch wenige Lagen fehlten, ein Lehrgerüst aus Latten errichtet, um die tatsächliche Neigung aller Grate genauestens zu berücksichtigen.

Nach ihnen werkten die Steinschleifer. Um und um hatten sie den Block gekantet, damit die zu bearbeitende Seite immer waagrecht lag. Viele tausend Male hatten sie den Schleifblock darüber gezogen. Ständig waren die Wasserträger unterwegs gewesen und hatten immer neue Krüge in den Holzbottich gekippt, von dem aus ständig ein dünnes Rinnsal über die Schleiffläche lief. Schließlich hatten sie allerfeinsten Quarzsand und Schmirgel benutzt und zuletzt auch Wasser mit dicken Wergballen richtig in den Stein hineingerieben, bis er wunderbar glänzte.

Während sie oben auf der Pyramide dem Schlußstein die Basis schufen, bereiteten ihn andere für das Hinaufziehen vor. Nach Schutz seiner Kanten wurde er abgedeckt. Männer mit mächtigen Hebelstangen, je drei an einem Gerät, hoben ihn von beiden Seiten für zweimaligen Unterbau an. Dann wurden ein kurzes Schienenstück und der Spezialschlitten untergeschoben. Er war eine besondere Arbeit: länger als normal, die Längshölzer genauso wie die vorderen Haken verdoppelt und durch schräge Verstrebungen gesichert.

Die Gleithölzer hatten vorher mit ihren Unterseiten zwei Wochen in einer Ölwanne gestanden und waren heute morgen noch einmal dick mit Talg eingelassen worden.

Zimmerleute hatten die Verstrebungen und Schalungen angebracht, die den Stein beim Hinaufziehen halten sollten. Sorge galt auch dem Stoff, mit dem alles Holz, wo es den polierten Stein berührte, umhüllt sein mußte. Nichts sollte den Glanz des Steins beeinträchtigen.

Die ganze Zeit über hatten der große Baumeister und die anderen Meister beraten, hatten gestenreich immer neue Arbeitsvarianten durchgesprochen und mit Hebeln und Rollen Arbeitsabläufe simulieren lassen.

Dann waren die unteren Meister und Vorarbeiter zusammengerufen worden, um in einer lang dauernden Besprechung genau festzulegen, was jeder einzelne Trupp, ja jeder Mann wann und wie zu tun hatte.

Es folgten Tage hektischer Betriebsamkeit. Jedes Teil war überprüft, viele Seile waren erneuert, Querhölzer ausgetauscht, die Windenböcke überprüft, neu geschmiert, exakt postiert und verkeilt worden. Die Aufwegschienen waren neu geschmiert, ihr fester Sitz geprüft und an manchen Stellen mit Keilen verbessert.

Derweil war das Pyramidion, immer noch sorgsam abgedeckt, an die Pyramide herangeschafft, die kurze Rampe hinaufgezogen und am Fuße des letzten, großen Aufwegs sorgfältig unterbolzt und verkeilt worden.

Der gestrige Ruhetag war seltsam verlaufen. Viele hatten ihn mit ihren Familien verbracht, andere waren in der Arbeiterstadt geblieben, hatten im Schatten gedöst, ein wenig gespielt und getrunken. Die Meister und Vorarbeiter aber waren alle auf der Baustelle, auch sie hatten sich unterhalten, hatten gescherzt und gelacht und ein wenig getrunken. Aber immer wieder waren ihre Gespräche verstummt, ihre Gedanken abgeschweift. Noch einmal und noch einmal waren sie ihre Aufgabe anderntags in Gedanken durchgegangen; die einzelnen Arbeitsabläufe, ja einzelne Handgriffe im Geiste nachvollziehend, hatten sie ihre eigenen Standorte festgelegt, um bei Unregelmäßigkeiten rechtzeitig eingreifen zu können. Denn morgen würde es zwei Premieren geben. Das Pyramidion sollte langsam, majestätisch und würdevoll die Pyramidenflanke hinaufgleiten, in einem Zug, ohne jede Stockung. Und dann würde sich die Pyramide erstmals in ihrer ganzen Größe und Schönheit präsentieren.

Der ununterbrochene Aufzug verlangte mehr Zugkraft als sonst und einen fliegenden Wechsel der Seile für die Windenböcke. Das bedeutete ein Maß an Abstimmung zwischen den einzelnen Windenmeistern, den Seil-Anschlägern und den Vorarbeitern der Zugmannschaften, welches sogar für diese überaus gut organisierte Baustelle neu und ungewohnt war. Besondere Handzeichen waren vereinbart worden, und die Vorarbeiter hatten sie wieder und wieder verinnerlicht, damit kein lautes Brüllen die feierliche Stille durchbrechen würde.

Dazu kam noch, daß mehr Zugmannschaften und Windenböcke als sonst eingesetzt wurden, eben um dieses gleichmäßig ruhige Hinaufgleiten zu gewährleisten. Aber das brachte Schwierigkeiten beim Seillauf mit sich, weshalb eine Anzahl von Vorarbeitern dazu eingeteilt war, die Seile zu beobachten und mit gekrümmten Stöcken ein Verheddern zu verhindern. Viele Menschen und Gerätschaften mußten fehlerlos arbeiten, um jedes Stocken zu vermeiden.

Und eines machte den Verantwortlichen nicht wenig Sorgen, denn: Das Große Haus, der Pharao persönlich würde anwesend sein, der göttliche Sohn Ra's sollte das Pyramidion und den Rohbau der Pyramide weihen, in Anwesenheit des ganzen Hofstaats und der Hohenpriester. Deshalb war das ruhige, feierliche Hinaufgleiten angeordnet worden, denn das sonst übliche Hochziehen mit mehrmaligem Halten zum Seilwechseln hätte nicht dem Aufsteigen der Sonnenscheibe entsprochen. Und deshalb machten sich die Meister Sorgen.

Doch nun war der Tag gekommen. Der lange Zug mit dem Erhabenen hatte sich der Pyramide genähert und an der Südostecke Aufstellung genommen. Gebete und Gesänge hatten das Heruntergleiten des frühen Sonnenlichtes an der Pyramidenflanke begleitet und unmittelbar, bevor es die ersten Sonnenstrahlen trafen, war das Pyramidion feierlich enthüllt worden, auf daß sich das heilige Gestirn im glänzend polierten Stein spiegele. Es stand in der Mitte vor der Südseite, wo der letzte verbliebene Aufweg bis zur Spitze hinaufführte. Jeder der Anwesenden wußte, dieses Aufglänzen war in Zukunft das Erste, mit dem das heilige Gestirn an jedem Morgen den erhabenen Bau beleben würde. Milde gestimmt durch den Widerschein des eigenen Glanzes würde die Gottheit jeden Tag das Land segnend erwärmen und die Schatten der Nacht vertreiben. So hatte es der Hohepriester in Vertretung des Göttlichen verheißen.

Dann hatten sich der Erhabene, sein Hofstaat und die Hohenpriester in den Schatten der sorgsam errichteten Pavillions begeben, dessen Stoffbahnen sich in der leichten Brise blähten. Er gab feierlich das Signal, und alles beobachtete, wie sich das Pyramidion, dunkelglänzend die Sonne widerspiegelnd, in Bewegung setzte und scheinbar schwerelos die Flanke des Baus hinaufglitt.

Die Seilanschläger warteten an den vereinbarten Plätzen und wechselten auf ein Zeichen blitzschnell die Seile. Diese waren mit Bändern in der gleichen Farbe markiert, in der auch die jeweilige Winde gestrichen war. Zusätzlich hatte sich der Windenmeister einen Stoffstreifen in derselben Farbe an den Oberarm gebunden. Auch die Haken für die Seilschlingen waren mit dieser Farbe gekennzeichnet. Zwar verhinderte das Steingewicht ohnehin das Ausklinken eines belasteten Seils, aber alles sollte doppelt gesichert sein. So stand auf jeder Hubhöhe eine zusätzliche Mannschaft bereit, auf daß der feierlich-gemessene Aufzug unter peinlichster Kontrolle ablaufen konnte.

Das Pyramidion näherte sich den ersten Windenböcken. Hier stockte sonst der Vorgang, weil erst der Stein gesichert und das obere Seilpaar eingehängt werden mußte, bevor es weiterging. Heute hängten sie die oberen Seile auf die zusätzlichen Haken am Schlitten, die obere Mannschaft legte sich ins Geschirr, während die untere Mannschaft vorsichtig nachließ. So stieg die Last ganz ungestört weiter, während Seilanschläger die unteren Seile ausklinkten.

Nach vierfachem fliegenden Wechsel der Zugmannschaften stand der heikle Übergang in die Waagrechte bevor. Hierfür waren gründliche Vorarbeiten getroffen. Der Hochweg mündete jetzt in eine Arbeitsplattform, die auf drei Seiten die Spitze einhüllte.

Auf der Tura-Verkleidung, die bis hinauf zur letzten Lage geglättet war, saß ein Gerüst auf. Es war um die Spitze vertäut und fußte auf stehengelassenen Steinbossen. So trug es die Arbeitsplattform. Diese setzte links und rechts des Hochwegs die Ebene des Pyramidions fort, während eine zwei Ellen tieferliegende Brücke auf der Nordseite beide Hälften miteinander verband. So standen über die Grundfläche des Pyramidions von ca. 9 Quadratellen hinaus weitere 90 Quadratellen als Arbeitsfläche zur Verfügung. Auf der Südseite waren zwei Paare von Umlenkböcken postiert, zwischen denen der Schlußstein emporsteigen würde. Hier standen auch die fünfzehn Männer der Kippmannschaft bereit.

Der Schlitten mit dem vorne leicht überstehenden Pyramidion wurde mit den beiden äußeren Böcken bis auf vier Ellen an die Kante herangezogen. Mehr erlaubte die Aufhängung an den vorderen Haken nicht, wurde doch der Zug zur Seite hin zu groß. Aber im Herangleiten hängten flinke Hände die Seile der beiden inneren Böcke hinten am Schlitten ein, während sie an den vorderen Zusatzhaken das Seil für die Kippmannschaft auf der Plattform einhängten. Nun konnte die letzte Zugmannschaft den Stein bis zu einem Drittel über die Kante bewegen, während die Mannschaft oben ein Zurückkippen vermied. Diese konnte sich auf der Nordseite an der steilen Flanke abstemmen und kräftigen Zug ausüben. So ragte das Pyramidion über den Aufweg hinaus, bereit zum Hinunterkippen.

Aber es durfte auf keinen Fall einfach herunterstürzen. Da es oben eng zuging, standen hier nicht wie sonst zwei Mann mit dem quergespannten Sicherungsseil bereit. Statt dessen führten am Schlittenende zwei Seile nach unten. Jedes war einmal um ein dickes Rundholz gelegt, das ein Stück tiefer an zwei große Bossen angeflanscht war. So konnten zwei Mann durch langsames Seilnachlassen das Gegengewicht beim Kippvorgang bilden - ganz langsam neigte sich das Pyramidion im Gleichgewicht zwischen Vor- und Rückwärtszug nach vorn.

Es lag nun fast waagrecht und mit mehr als halber Fläche auf seinem endgültigen Platz. Sein Vorderteil - wir erinnern uns, daß es über den Schlitten hinausstand - hatte sich auf eine Rolle gesenkt, die im Durchmesser etwas dünner war als Schlitten und Kipphölzer zusammen. Da die Kipphölzer in der Mitte am dicksten, an beiden Enden jedoch wesentlich dünner waren, stand nun der Schlitten leicht nach vorne geneigt und konnte so mit verringertem Kraftaufwand von der Kippmannschaft eine weitere Elle auf das Plateau gezogen und gehebelt werden. Sie hatte weiterhin ihren guten Stand, abgestützt an der Flanke der Pyramide. Nun wurde vorn eine zweite, etwas dünnere Rolle untergelegt. So blieb die Schrägstellung erhalten und das Pyramidion glitt bis zu seiner endgültigen Position.

Noch aber lag es auf Rollen, Kipphölzern und Schlitten. Mit kräftigen Hebeln - unterdessen sicherten Kippmannschaft und die beiden rückwärtigen 'Bremser' - wurde der Stein von verschiedenen Seiten aus angehebelt, nacheinander wurden alle Unterlagen entfernt. Das Pyramidion sank mit seinem Sockel in die vorgesehene Vertiefung und wurde unverrückbarer Teil des erhabenen Bauwerks.

Sofort wurde mit dem Abbau der Arbeitsbühne begonnen, denn dem Großen Haus sollte sich heute seine Pyramide so präsentieren, als ob sie bereits fertig sei. Inzwischen wechselte unten die Festgesellschaft ihren Platz. Seitdem das Pyramidion die Arbeitsbühne erreicht hatte, war von unten nichts mehr zu beobachten. Unter feierlicher Musik war die Prozession weitergezogen, bis zur Mitte der westlichen Pyramidenseite, wo das zweite Ehrenzelt den Pharao erwartete. In seinem Schatten würde er den Moment erwarten, in dem sich ihm, die väterliche Sonne im Rücken, die Pyramide in ihrer reinen abstrakten Gestalt präsentierte. Allein die Arbeitsbühne störte noch diesen Eindruck, denn der südliche Hochweg lag außerhalb des Blickfeldes.

Der Gerüstabbau geschah rasch und geschickt, nur von wenigen ruhigen Bemerkungen unterbrochen. Da plötzlich polterte ein Brett hinab, es war einem Zimmermann aus der Hand geglitten. Doch das Seil, an dem es hing, hielt es sicher. Jeder Gegenstand auf und an der Plattform, der gelöst wurde, wurde zuvor mit einem obersten Sicherungsseil verbunden. Es war gleich um das gesetzte Pyramidion gelegt und mit umwickelten Keilen gegen ein Abgleiten gesichert worden. Die Seilsicherungen waren für das mobile Material genauso obligatorisch wie für die Arbeiter. Undenkbar, daß an diesem Feiertag, in Gegenwart des Erhabenen, ein Gegenstand oder gar ein Mensch von der Pyramide stürzte. So war der Zwischenfall unten wahrscheinlich nicht einmal bemerkt worden, und die Spannung des Vorarbeiters löste sich mit einem halblaut gezischten groben Scherz.

Die letzten Teile der Arbeitsbühne wurde abgeseilt. Allein das Sicherungsseil rings um die Spitze wies darauf hin, daß die Pyramide wegen ihres Aufwegs noch Baustelle blieb. Von dort oben kam jetzt das ersehnte Signal. Der erleichtert-zufriedene Baumeister trat vor den König und meldete ergebenst den Abschluß des Rohbaus. Der Pharao wandte sich der Pyramide zu, während ihn die Abendsonne genauso bestrahlte wie die

Spitze der Pyramide. Ringsum brandete Jubel auf, der in Lobgesänge überging - das Richtfest hatte begonnen.

Auf der Südseite schritten die letzten Männer die Leiterwege hinab, und obwohl noch auf manchen Körpern der Schweiß der eben vollbrachten Leistung glänzte, zeigten die Gesichter den Ausdruck von Stolz. Heute waren sie die Helden. Jetzt würden sie alle feiern, das Bier würde im Kruge zischen und manch fröhlicher Scherz die Runde machen. Morgen war noch ein zusätzlicher freier Tag, aber dann wartete weitere Arbeit, denn der Aufweg mußte abgebaut, die Hilfsbossen weggemeißelt und die jetzt noch verdeckte Oberfläche zugeschliffen werden.

Aber das würde erst morgen sein. Heute aber hatten sie die Cheopspyramide gekrönt.

Verkleidung oder wahre Pyramide

Die Cheopspyramide hat nunmehr ihre endgültige Höhe erreicht. Zu ihrer äußerlichen Vollendung fehlte nur noch ein letzter Arbeitsgang: Glätten der Pyramidenverkleidung an den Stellen der Südseite, die erst beim Abbau des Schienen-Aufwegs sukzessiv von oben nach unten zugänglich wurden.

Wenn wir von 'Verkleidung' sprechen, so sprechen wir, ganz gegen den Doppelsinn dieses Wortes, von der eigentlichen Pyramide, wie sie sich einst - wohl bis ins hohe Mittelalter hinein - dem Auge dargeboten hat. Offenbar ging es um einen 'irrealen' Eindruck: Hier am Wüstenrand sollten keine aufgetürmten Massen, keine Körper, sondern abstrakte geometrische Symbole stehen, leuchtende weiße Dreiecke. Selbst heute, wo die Verkleidung der drei Gizapyramiden fast völlig fehlt und in den Palästen und Moscheen Kairos gesucht werden müßte, fällt dem entfernten Betrachter auf, daß die drei Bauten seltsam unkörperlich erscheinen, aus jedem Blickwinkel als Dreieck wirken. Wie im Prolog erwähnt, weicht diese Wirkung erst beim Besteigen, das aber einst nicht möglich war. Dieser Eindruck beschränkt sich nicht auf uns, sondern er ist von Alois Riegl bereits 1901 konstatiert worden. Er sprach generell von der künstlerischen "Raumscheu" der Ägypter [Riegl 36f; vgl. Friedell 208f].

Um diese seltsame Wirkung zu erzeugen, mußte die Oberfläche als möglichst homogene Fläche erscheinen und keinen Gedanken an irgendwelche Räumlichkeiten in irgendeinem Innern aufkommen lassen. Am idealsten dafür wäre ein riesiger, in Pyramidenform gebrachter Kalksteinblock gewesen. Da ein solcher nun einmal nicht verfügbar war, taten die Baumeister wenigstens so 'als ob' und machten die unvermeidlichen Fugen so schmal, daß sie selbst nahe der Basis nicht mehr zu sehen waren.

"Mit Recht gilt diese Arbeit als die großartigste Leistung der Steinmetzkunst, die uns bis heute bekannt ist" [Michalowski 470].

Aber nicht nur die äußeren Fugen waren durch Präzision zu kaschieren. Auch die nächsttieferen Teile der Pyramide, das Futtermauerwerk wurde in seiner Lage von der äußeren Tura-Steinlage bestimmt. Denn bestes Hineinverzahnen in die dahinterliegende Steinschichten und exaktes Verlegen waren unbedingt notwendig, andernfalls hätte schon eine leichte Steinverlagerung im Innern zur Verschiebung äußerer Steine, zum Sichtbarwerden von Rissen in der Außenwand geführt und so den Eindruck fugenloser Glattheit zerstört. Der Vergleich von W. Fix trifft exakt:

"Sie bauten ein von Menschen errichtetes Gebirge mit jener peinlichen Genauigkeit, mit der wir Gemmen schneiden" [Fix 17 samt illustrativem Foto].

Wie gut diese Absicht verwirklicht werden konnte, beweist die Chephrenpyramide. Seit Jahrhunderten hängt der von der Plünderung verschonte Teil ihrer 'Verkleidung' sozusagen in der Luft, weil man ihm die Auflage entzogen hat. Aber er hält trotzdem.

Ein weiteres Mittel, Rißbildung zu hemmen, ist die unregelmäßige Schräganordnung der Fugen. Sie läßt, falls sich einzelne Steine leicht verlagern, den entstehenden Riß sozusagen totlaufen [Goyon Foto 24f zur Mykerinospyramide]. Unregelmäßige, verzahnte Winkelfugen dienen demselben Zweck [Goyon 158].

Eine solche Verfugung verlangt bestens geplante Vorarbeit. Die behauenden Steinmetze müssen rechtzeitig vor der Verlegung wissen, wohin jeder Stein zu liegen kommt, müssen die ihn umgebenden Steine kennen. Denn ein individuelles Zurichten auf dem wachsenden Pyramidenstumpf war unmöglich: Alles, was über ein Beseitigen letzter Unebenheiten hinausgegangen wäre, hätte alle anderen Arbeiten behindert und obendrein den Abtransport größerer Steinabfälle verlangt. Vergessen wir auch nicht, daß jedes Steinstück, das beim Behauen wegsplitterte, eine Gefahr bildete. Wurde unachtsam ein Block daraufgelegt, konnte es zu Spannungen im Bauwerk, zu Materialbruch führen, wie sich denn auch die Pyramide insgesamt um etliche Zentimeter gesetzt zu haben scheint.

Deshalb wurden die Blöcke im Bauhof nach genauem Lageplan zugerichtet, gekennzeichnet, gelagert, in der richtigen Reihenfolge auf den Bau transportiert und an der vorgesehenen Stelle eingesetzt. Hier konnte sich die meisterliche Organisation und Vorplanung der Ägypter entfalten, hier vollbrachten die Schreiber ihre vielleicht größte Tat. Deshalb sei an dieser Stelle dem oder den Architekten des Baus die Referenz erwiesen. Leider sind sie mehr als schlecht tradiert. Übertrug Cheops diese Aufgabe in die Hände seines Onkels Chaefsnofru, der schon für Snofru gebaut hatte [Goyon 68]? Es käme auch Chufu-Anch in Frage [Goyon 75] oder der ähnlich lautende Ankhaf [Rice 204] bzw. Anchhaf [Goyon 76], ein Schwiegersohn des Cheops. Dann wieder schreibt man den Bau einem Mann namens Hem-On zu [Goyon 76], der auch als Hemon [Schüssler 203], Emjunu [Barta] respektive Hm-'Iwnw [Helck 2202] überliefert ist. Dieser Vetter von Cheops diente schon Snofru als Wesir. Oder war vielleicht Kronprinz Ka-wab der oberste Bauleiter, dessen Funktion bei seinem Tod an den Cheops-Sohn Djedefre überging, oder war es gar der ominöse Philitis [Muck 276]? Nicht nur dem Mimen flicht die Nachwelt keine Kränze.

Die Baustelle mit ihrem Arbeiterheer von angeblich 100.000 Mann hat immer die Phantasie beschäftigt. J.H. Breasted sah hier einen kleinen Staat im Staat entstehen [Breasted 86]; ein Pole, Wieslaw Kozinski, hat sich 1968 unter dem Pyramidenbau ausschließlich ein staatliches Großunternehmen vorstellen können, das sowohl die Techniker wie das Heer ungelernter Hilfsarbeiter rekrutieren konnte [Kozinski; Michalowski 140]. Mendelssohn ging 1974 noch einen Schritt weiter, indem er hinter dem Pyramidenbau einen bewußt vollzogenen Verwaltungsakt sah, der die Nilanrainer zu einer neuen Gesellschaftsform, zu einem Staat zusammenschweißen sollte [Mendelssohn passim]. Unsere Schlußkalkulation wird gleich erweisen, daß diese Vorstellungen einfach von einer um mehrere Größenordnungen zu hoch angesetzten Zahl von Arbeitern herrühren.

Die Gesamtrechnung

Bevor wir die Gesamtrechnung aufmachen, ist noch der zentrale Bauhof an der Cheopspyramide anzusprechen, der eigentlich Bauhütte genannt werden müßte. Denn wie bei einem gotischen Dom wurden hier nicht nur alle Steine exakt zugerichtet, sondern auch probeweise zusammengestellt und dann für den - in genau festgelegter Reihenfolge stattfindenden - Transport zum Bauplatz bereitgestellt. Für den 'Standardstein' brauchte ein Steinmetz mit gutem Werkzeug 4 bis 5 Stunden. Für einen Verkleidungsstein mit seinen komplizierteren Formen ist sicher das Doppelte anzusetzen, für einen Eckstein das Dreifache. Nachdem jeden Tag fünfhundert Steine (jede Minute einer) verbaut werden mußten, brauchte man hier rund 300 ausgebildete Steinmetze. Ihnen zuarbeiten mußte die gleiche Anzahl Hilfsarbeiter - etwa für Wassertransporte, Abfallbeseitigung oder Werkzeugbereitstellung. Vor allem aber brauchte man gute Schmiede. Ihre Anzahl lag sicher bei 100 Mann, und ihr Hilfspersonal verdoppelte oder verdreifachte sich schnell, brauchten sie doch Männer am Blasebalg, Haltekräfte, Materialherbeischaffer, Wasserträger und so weiter und so fort. Wenn wir noch die verschiedenen Aufpasser und Verwaltungsbeamten hinzurechnen, kommen wir auf - grob gesprochen - 1.000 Mann in dieser Bauhütte.

Bei unserer Überschlagsrechnung wollen wir nicht wie Herodot darüber grübeln, wieviel Rettiche, Zwiebeln und Knoblauch die Arbeiter verzehrt hätten [Herodot II, 125], sondern die Frage beantworten, wie viele Arbeiter zum Unternehmen Pyramidenbau gehört haben. Wir orientieren uns dabei an der Rechnung von Georges Goyon [Goyon 234f], ohne ihre Prämissen zu teilen. Bei unserem Szenario müssen die Arbeiter ein Drittel weniger an jährlicher Arbeitszeit leisten als bei dem von Goyon. Als Richtmaß gelten uns 290 Arbeitstage zu 500 Minuten. Dies will bei einem Vergleich mit Goyons Resultaten gesehen werden: Er braucht 8.165 Arbeiter, insgesamt rund 20.000 Mann [Goyon 235], die bei unserem Zeitansatz 10.860 bzw. 26.600 Mann entsprächen.

Aufaddiert erhalten wir - vgl. nächste Seite - **6.650 Mann**. Diese Zahl wirkt präziser, als sie sein kann; sie entstammt Überschlagsrechnungen und

Gesamtrechnung über 6.650 Beschäftigte:

1.000 Bauhütte:	300 Steinmetze (S.172)	*Giza 4.630*
	100 Schmiede	
	500 Hilfsarbeiter	
	100 Aufsicht, Verwaltung, Planung etc	
410 Giza-Steinbruch:	200 Steinbrecher (27f)	
	80 Schanzarbeiter	
	130 Auflader	
2.400 Landtransport:	720 Schlepper von den Steinbrüchen (76)	
	80 zusätzliche Helfer	
	176 Schlepper vom Hafen (69)	
	44 zusätzliche Helfer (71)	
	200 Zusatzschlepper vom Hafen (71)	
	225 Schlepper ab Bauhof (76)	
	75 zusätzliche Helfer + Verwalter (76)	
	880 Schlepper auf die Pyramide (124)	
820 Pyramidenstumpf:	728 Verleger und Schlepper (153)	
	20 Schleifer (154)	
	72 Bauaufsicht und Hilfskräfte (157)	

380 Tura:	120 Steinbrecher (33)	*Übrige Steinbrüche 730*
	40 Schanzarbeiter	
	30 Auflader	
	190 Schlepper	
330 Assuan:	104 Steinbrecher (144f)	
	46 Verfrachter	
	180 fakultativ großes Transportteam	

280 Tura-Schiffer:	120 Fährschiffer (35)	*Schiffstransport 1.290*
	140 Treidler	
	20 Aufsicht	
560 Bedarfs-Schiffer:	560 für Holz, Seile, Verpflegung (37)	
450 Assuan-Schiffer:	200 Schiffer (43)	
	180 Treidler in Pyramidennähe	
	70 Zimmerleute, Koordination etc	

war täglichen und saisonalen Schwankungen genauso unterworfen wie dem langjährigen Wechsel. Während oberhalb der 100-Meter-Marke die Zahl der an der Pyramide beschäftigten Arbeiter stetig abnahm, konnten Tal- und Totentempel, Aufweg und Nebenpyramiden errichtet werden.

Nach dieser Rechnung verliert das Unternehmen Pyramidenbau endgültig seinen Charakter als das Hüten eines maßlos wimmelnden, völlig unübersehbaren Ameisenhaufens und wandelt sich zu einer überschau- und planbaren Großbaustelle. Diese Größenordnung entspricht auch viel besser den Arbeitersiedlungen, die wir bislang aus der Pyramidenzeit kennen. Die der Chephrenpyramide bot früheren Schätzungen zufolge rund 4.000 Personen Unterkunft [Mendelssohn 128]. Die erst jetzt ans Licht kommende Arbeiterstadt des Cheops war mit rund drei Quadratkilometer die größte Siedlung Ägyptens überhaupt. Ihre Einwohnerzahl wird auf 30.000 geschätzt, umfaßte aber auch Frauen und folglich Kinder. Dank Graffitis in dortigen Gräbern hat das Schauermärchen der rohen Sklavenarbeit endgültig ausgedient [Kastner 1993], das beispielsweise Kurt W. Marek suggeriert hat [Ceram 1949, 143f].

Die Gesamtzahl von rund 6.500 Beschäftigten mag mit 'Randfiguren' aller Art auf **7 bis 8.000** anwachsen, schließlich gibt es im Orient einen nahtlosen Übergang von Dauerbeschäftigten über Hilfskräfte hin zu uninteressierten Beteiligten und interessierten Unbeteiligten. Diese Anzahl ist von einer kompetenten Bauleitung auch ohne Großcomputer zu lenken, selbst wenn kritische Leser noch weitere Hundertschaften 'vergessener' Bauarbeitern in Ansatz brächten oder unsere Rechnungen mit noch höheren Sicherheitsmargen versehen würden. Auch 10.000 Arbeiter bilden erst ein Prozent einer Million. Diese Baustelle hat weder das Volk am Nil überfordert noch den Bau auf die drei oder vier Monate während der jährlichen Überschwemmung beschränkt.

Mendelssohns Vorstellung, Pharao habe sein Volk erst per Mammutbaustelle zur Nation verschweißt, wird damit obsolet. 'Seine' Arbeiterschaft zählte allein für die Schlepper, Steinmetze und Maurer auf dem Plateau von Giza "etwa 50000 Mann", denen noch rund 20.000 Hilfskräfte und Steinbrucharbeiter zur Seite standen [Mendelssohn 128]. Insofern streift er die Größenordnung von Herodot (100.000 Mann), die auch Petrie für wahrscheinlich hielt [Breasted 86], nicht aber die von Diodor, der sogar 360.000

Arbeiter kolportierte [Gossart 15]. Gültig bleibt eigentlich nur Mendelssohns Befund, daß mit wachsender Pyramide die Zahl der an ihr Beschäftigten rapide zurückgeht und deshalb für weitere Einsätze zur Verfügung steht [Mendelssohn 129].

Goyon hat wesentlich kleinere Werte als Mendelssohn, die sich aber in den Relationen stark von unseren unterscheiden. So kommt er, wegen seiner abraumfördernden Steinbruchmethoden, zu 5.680 Arbeitern in den Steinbrüchen von Giza und Tura, die fast 70 % seiner gesamten Arbeiterschaft ausmachen. Dagegen nennt er lediglich 1.775 Mann als Schlepper, weil er weder die Gleitreibung noch die Rampensteigung richtig einkalkuliert. Unsere Korrektur seiner Berechnung und unser Zeitansatz ergäben bei ihm mehr als viermal soviele Schlepper. Nur oben auf dem Pyramidenplateau führen beide Ansätze zu ähnlichen Ergebnissen. Seinen 710 Maurern, umgerechnet also 923 Mann, stehen bei uns 870 Arbeiter gegenüber. Insgesamt bräuchte Goyon, seine unmögliche Wendelrampe einmal akzeptiert, mehr als doppelt so viele Arbeiter, wenn er ihnen ebensoviel Mannstunden pro Jahr zumuten würde, als wir es tun.

Bauzeit und Bauzweck

Für die Ägyptologen war es immer ein Problem, daß sie nur Gewährsleute für den Bau dieser Weltwunder hatten, die wie Herodot mindestens 2.100 Jahre oder wie Strabo und Diodor fast 2.500 Jahre später geschrieben haben. Überlieferungen dieses Alters sind bei mündlicher Tradierung im allgemeinen wenig bis nichts wert. Wir halten aber diese Datierung ohnehin für viel zu hoch.

G. Heinsohn hat als erster 1988 die Vermutung geäußert, daß die großen Pyramiden wegen der Verarbeitung superharten Gesteins in eine Zeit gehören, in der Eisenmeißel in Ägypten verfügbar wurden; er hat aber deswegen nicht vorgeschlagen, die Eisenzeit ins -3. Jtsd. auszudehnen wie 1927 zwei Angelsachsen [Garland/Bannister], sondern die Pyramiden drastisch zu verjüngen [Heinsohn 1988, 176f]. Warum sollte nicht einmal der Berg zum Propheten kommen?

Heinsohn und Illig haben dann ausgeführt, daß eine rasche Entwicklung des Gewölbebaus (qualitativ) wie der Granitverwendung (quantitativ) von Snofrus Bauten über Cheops und Chephren hin zu Mykerinos führt. Bei Snofru finden wir noch praktisch keinen Granitstein, während für die Mykerinospyramide bereits ausreichend Stahlmeißel zur Verfügung standen, um 16 Steinreihen der Verkleidung in Granit auszuführen, um in seiner Regierungszeit von weniger als 20 Jahren 15.000 cm³ Granit zu bearbeiten (s.S. 143). Da zu Cheops' Zeiten auch der Lehrsatz des Pythagoras zumindest praktisch eingesetzt worden ist und weitere Indizien für eine neue Chronologie ein ganzes Buch füllten, haben Heinsohn und Illig 1990 vorgeschlagen, den Bau der Cheopspyramide am Übergang des -7. zum -6. Jh. anzusiedeln, in jener Zeit, in der die beginnende Eisenzeit in Ägypten tatsächlich archäologisch nachweisbar ist [Heinsohn/Illig 63-67, 98-102, 162-167, 324-329, 370f, 373].

F. Löhner hat daraufhin in konkreten Versuchen gezeigt, daß an eine bausteinproduzierende Granitbearbeitung samt Hieroglyphendekoration ohne Eisen, besser noch Stahl nicht zu denken ist [Löhner/Illig].

Manetho in der Überlieferung

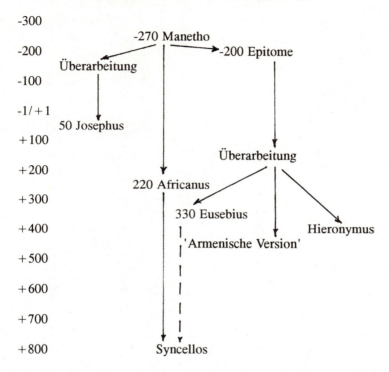

```
-300

-200                            -270 Manetho
                                                    ►-200 Epitome
                    Überarbeitung
-100

-1/+1
                    50 Josephus
+100
                                        Überarbeitung
+200
                    220 Africanus
+300
                            330 Eusebius
+400                                                    Hieronymus
                            'Armenische Version'
+500

+600

+700

+800            Syncellos
```

Manetho: griechisch, -47 verbrannt; 1. bis 30. oder 31. Dynastie
Epitome: d.i. Auszüge, griechisch, verloren; 1. bis 31. Dynastie
Überarbeitungen jüdischer Autoren, verloren
Josephus: lateinisch, *erhalten;* 15. bis Anfang 19. Dynastie
Africanus: fünfbändige 'Chronik', lateinisch, verloren
Eusebius: 'Chronik', lateinisch, verloren; christlich überarbeitet
Hieronymus: Eusebius-Version Ende 4. Jh., lateinisch, *erhalten*,
    frühestes Manuskript 5. oder 6. Jh.
Armenische Version: Eusebius-Version, lateinisch, *erhalten*
Syncellos Georgios: 'Weltgeschichte', griechisch, *erhalten*
[gemäß Barta 1989ff].

177

Abb. 114: Ausschnitt der Abydos-Tafel aus der 19. Dyn. Sie nennt 76
Könige vom ersten Pharao Menes (1. Dyn.) bis Sethos I. (19. Dyn.);
andere Quellen nennen 250 bis weit über 300 Pharaonen [Lockyer 21]

178

Zur Chronologie der 4. Dynastie

Eine Umdatierung aus dem -26. Jh. ins -6. Jh. muß natürlich den unvorbereiteten Leser schrecken. Er weiß weder, daß Herodot in seinen *Historien* Regentenlisten und -zeiten nennt, die Cheops ins -9./8. Jh. bringen, noch daß Isaac Newton in seiner *Chronology* Cheops im Jahre -838 den Thron besteigen ließ [Newton 33]. Genausowenig ist ihm vertraut, daß die scheinbar so gut tradierte Pharaonenreihung auf Prämissen beruht, die alles andere als tragfähig sind. Die relativ beste Überlieferung, nämlich die Königsliste des ptolemäischen Priesters **Manetho**, ist uns nur aus dritter bis fünfter Hand bekannt und entstammt obendrein dem hellenistischen Ägypten des -3. Jhs. Die astronomischen Spekulationen wiederum, die aus einem bestimmten, alljährlichen Sirius-Aufgang eine zu Kalenderzwecken unter den Pharaonen benutzte **Sothis-Periode** von 1.460 Jahren postulieren, können nur noch auf ein einziges, letztes Sothis-Datum zurückgreifen. Die übrigen, insgesamt kein Dutzend, hielten ägyptologischer Prüfung nicht stand. Damit läßt sich der naturwissenschaftlich-exakte Anspruch auf absolute Datierungen nicht mehr aufrechterhalten [vgl. hierzu Heinsohn/Illig 11-31 oder Illig 1992b, 54-81]. Aber selbst die relative Chronologie der 4. Dynastie ist problematisch genug. Um dies zu demonstrieren, genügt ein kurzer Blick auf die verfügbaren Quellen.

Schon die schlichte **Anzahl ihrer Könige** wird sehr widersprüchlich berichtet. Die hieroglyphisch geschriebene Abydosliste (aus der 19. Dynastie) kennt **sechs Könige**, der griechische Pseudo-Eratosthenes (-2. Jh.) weiß von **sieben**, der demotisch geschriebene Turiner Königspapyrus (19. Dynastie) zählt wie die in Griechisch erhaltene Manetho-Version des Africanus (3. Jh.) **acht Könige** auf, die sogenannte Saqqara-Liste (hieroglyphisch aus der 19. Dyn.) bringt es auf **neun**, und die lateinische Manetho-Version des Eusebius (4. Jh.) erwähnt pauschal sogar **siebzehn Könige**.

Noch größere Probleme werfen Namen und Reihenfolge innerhalb der 4. Dynastie auf. Hier müssen ägyptische und gräzisierte Namensformen zueinandergebracht werden, was erhebliche Mühen bereitet. Wir zählen deshalb jene **Namen und Namensvarianten** auf, die wir für Pharao Cheops gefunden haben:

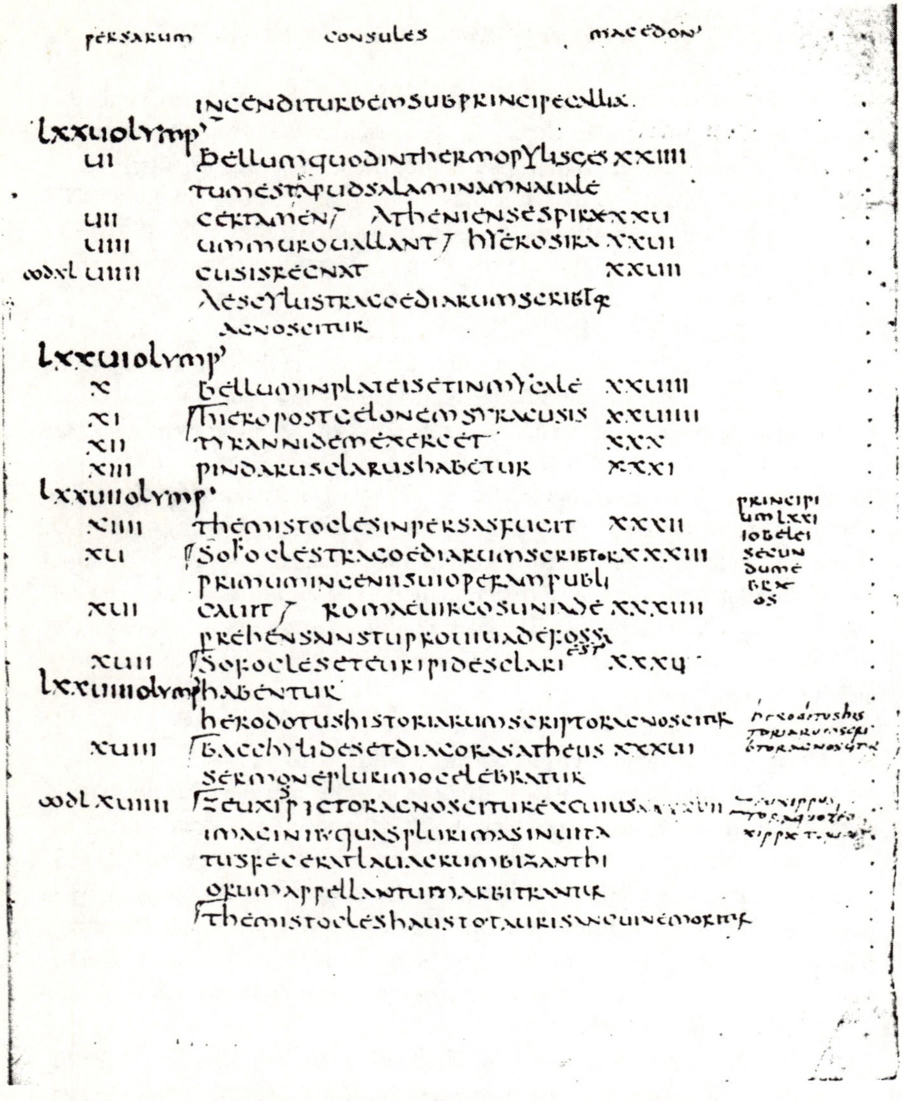

INCENDITURBEMSUBPRINCIPECALIX.

lxxuiolymp'
ui   Bellumquodinthermopylisges xxIIII
  Tumestapudsalaminanaxiale
uIII   certamen Athenienses pirxxxu
uIIII   ammurociallant hierosira xxuII
codxl uIIII   cuisisrecnxt   xxuiii
  Aeseylustracoediarumscribi
  Aenoscitur

lxxuiiolymp'
x   Bellaminplateisetinmycale xxIIII
xi   Thieropostcelonemsyracusis xxIIIII
xII   Tyrannidemexercet xxx
xIII   pindaruselarushabetur xxxi

lxxuiiiolymp'
xIII   Themistoclesinpersasfacit xxxII
xuI   Sofoclestracoediarumscribit xxxIII
  primumincennsuiopernmpubli
xIII   cauit romaeurcosunide xxxuiii
  prehensnnstuprorunadejoss
xIII   Sofoclesetcuripidesclari xxxu

lxxuiiiolymphabentur
  herodotushistoriarumscriptorenoscit
xIII   Bacchylidesetdiacorasatheus xxxii
  sermoneplurimocelebratur
codxl xuIIII   Zeuxipictorenoscitur excannis
  imaciniruquasplurimasinuita
  tuspecerataiarerumbizanthi
  orumappellanturararbitrantur
  Themistocleshaustotairiswouinemorinf

Abb. 115: Eine Seite des lateinisch geschriebenen Bodleian-Manuskript der *"Chronik"* von Eusebius, in der Fassung von Hieronymus, Ende 4. Jh. Das Manuskript stammt aus dem 5. oder 6. Jh. [Mosshammer 25]

Anoiphis	Chufu	Khufui	Shofo
Anoisis	Comastes	Kufwey	Shufu
Apappus	Hnmu-huj.f-uj	Koufou	Shure
Apathus	Huj.f-uj	Medschdu	Soiphis
Bikui-nebu	Khembes	Medschdu-Nebti	Soris
Chembis	Khemmes	Metheru	Sufis
Chembres	Kheops	Nem-Shufu	Suph
Chemististes	Kheuf	No-Suphis	Suphis
Chemmis	Khufu	Phiops	Surid
Chemnis	Khufwey	Saoph	Syphaosis
Cheop	Khnem-Kheuf	Saophis	Syphoas
Chnubos	Khnum-Khufwey	Sen-Suphis	Syphuris
Chnum-Chufu	Khuf	Shaaru	Xufu

Die bemerkenswerte Vielfalt rührt auch daher, daß nicht immer die eindeutige Zuordnung möglich war, sondern Namen anderer Pharaonen hereinspielten. Zum Beispiel wurde zeitweilig - etwa von dem Ägyptologen Heinrich Brugsch - Snofru als Pharao der 3. Dynastie angesehen; damit rückte Cheops zum Haupt der Dynastie auf und erhielt den jeweils ersten Namen von Dynastienreihungen. Ob nun Snofru besser mit dem Sephuris der 3. Dynastie oder mit dem Soris der 4. Dynastie identifiziert wird, ist hier zum Glück nicht unser Problem.

Wir können damit die wesentlichen Quellen für die 4. Dynastie in Vergleich zueinander setzen. Und es zeigt sich sofort, daß keine von ihnen ein widerspruchsfreies Abbild der Dynastie liefert, gleich ob aus ägyptischem, ptolemäischem oder griechischem Denken stammend. Die nachstehende Tabelle führt die überlieferten Namen in ihrer originalen **Reihenfolge** auf, wobei darauf verzichtet wird, die Umschreibungen der hieroglyphischen und demotischen Namen der ersten drei Listen in reinem Ägyptologisch wiederzugeben. Zerstörte Namen sind mit Strichen markiert. Die Zahlen vor den Namen geben den Platz innerhalb der gerade als gültig erachteten Reichenfolge an, wie sie als 'Heutiger Stand' in der letzten Spalte aufgeführt ist. Es muß sehr nachdenklich stimmen, daß weder Namen noch Reihenfolge einwandfrei tradiert worden sind.

Abydos	Saqqara	Turin P.	Herodot	Africanus	Pseudo-E.	Heutiger Stand
1 Snefruj	1 Snefruj	1 Snefruj	2 Cheops	1 Soris	1 Sirius	1 Snofru
2 Hujefuj	2 Hujefuj	2 ----	4 Chephren	2 Suphis	2 Chnubos	2 Cheops
3 Djedefre	3 Djedefre	3 ----	6 Mykerinos	4 Suphis	3 Rayosis	3 Djedefre
4 Chajefre	4 Chajefre	4 Chajefre		6 Mencheres	5 Biyres	4 Chephren
6 Menkaure	5 ----	5 ----		3 Ratoises	2 Saophis	5 Bicheris
7 Schepskaf	6 ----	6 ----		5 Bicheres	4 Saophis	6 Mykerinos
	7 ----	7 ----		7 Sebercheres	6 Moscheres	7 Sebercheres
	8 ----	8 ----		8 Thamphthis		8 Thamphthis
	9 ----					

Es gibt natürlich weitere Quellen und archäologische Befunde, mit denen die Reihenfolge seit Karl Richard Lepsius epochalem Chronologie-Werk [1849] immer besser abgesichert werden konnte. Wer die heutige Abfolge als gegeben hinnimmt, sollte aber ihre Schwachstellen kennen. Snofru galt nicht immer als Haupt dieser Dynastie, Djedefre folgte lange dem Mykerinos anstatt ihm vorauszugehen, Bicheris wird von manchen Forschern [etwa v. Beckerath 18] als ephemerer Gegenkönig nicht der Dynastie zugerechnet. Überhaupt bleiben die letzten Pharaonen so blaß, daß ihre Zahl und Reihung allein Africanus zu verdanken ist. Dem Bicheris wurde über eine Namensähnlichkeit eine unvollendete Pyramide zugeschrieben, während Thamphthis völlig im Dunkel der Geschichte bleibt.

Der anschließende Schritt zu einer **relativen Chronologie innerhalb der vierten Dynastie** war ebenso dornenvoll wie die Erschließung der Reihenfolge. Denn auch hier mußten die Quellen erst mühsam von Widersprüchen gereinigt werden. Die nachfolgende Tabelle verrät, wie beachtlich diese Dynastie 'atmet': Im Gang der Forschung weitet und verkürzt sie sich ziehharmonikaartig. G. Rawlinson wird nicht zuletzt deshalb zitiert, weil sich seine Jahresangaben direkt vom Turiner Königspapyrus ableiten, dessen 164 Fragmente später offenbar ganz anders zusammengesetzt worden sind (vgl. 1. Spalte). Brugsch hat diesen Puzzle-Versuchen nicht getraut und deshalb Generationen zu 33 Jahren angesetzt. Petrie blieb noch 1924 skeptisch und vertraute lieber den zu hohen Zahlen des Africanus, die er allerdings umgruppierte, wie das bei verschiedenen Quellen noch heute getan wird. Erwähnt sei noch, daß laut Plinius d. Ä. (gest. +79) die Bauzeit der drei Gizapyramiden 78 Jahre und 4 Monate betrug. Auch diese Spanne könnte als Regierungszeit der drei Pharaonen interpretiert werden.

Regierungsdauer:

gemäß Jahrhdt.	T.P. -13.	Hero -5.	Pseu -2.	Afri 3.	Newt 1728	Rawl 1881	Brug 1891	Petr 1924	Beck 1971	Horn 1988	Bart 1990	Stad 1990
Snofru	24	-	18	29		19	(33)	29	25	24	30	45
Cheops	23	50	22	63	14	?	33	63	25	23	24	31
Djedefre	8	-	29	9		< 1	4	25	9	8	9	8
Chephren	?	56	27	66	16	?	33	66	25	26	26	27
Bicheris	?		10	7				22		4	7	?
Mykerinos	18	≥6	31	63	6	?	33	63	28	19	19	18
Schepseskaf	4		?	25		?	34	7	7	4	4	?
Thamphthis	2		13	2			9			2	1	?
Σ	>79	>112	>150	264	36	>20	137	284	119	110	120	>129

T.P. = Turiner Königs-Papyrus (Neues Reich)

Hero = Herodot (-5. Jh.): Neun Bücher der Geschichte

Pseu = Pseudo-Eratosthenes (-2.Jh.), wohl von Apollodoros; gemäß Barta

Afri = Africanus, 4. Jh., eine Version von Manetho (-3. Jh.)

Newt = Isaac Newton (1728): The Chronology of Ancient Kingdoms amended

Rawl = George Rawlinson (1881): History of Ancient Egypt

Brug = Heinrich Brugsch (1891): Egypt under the Pharaohs

Petr = Flinders Petrie (1924[11]): A History of Egypt from the earliest kings

Beck = Jürgen von Beckerath (1971): Abriß der ägyptischen Geschichte

Horn = Erik Hornung (1988): Grundzüge der ägyptischen Geschichte

Bart = Winfried Barta (1989ff): Ägyptische Chronologie *Vorlesung LMU München*

Stad = Rainer Stadelmann (1990): Die großen Pyramiden von Giza

Unübersehbar schwankt die **Gesamtdauer der 4. Dynastie** wie ein Rohr im Winde. Die Zahlen des Africanus addieren sich zu **284 Jahren**, doch nennen die erhaltenen Manuskripte als Summe explizit **277** oder **274**

Jahre [Waddell 47]. Eusebius, der andere Manetho-Kompilator, weiß sogar von **448 Jahren**, nennt aber lediglich den Pyramidenbauer Suphis mit Namen, weil alle anderen nichts Bedeutendes geleistet hätten. Diesen beachtlichen Jahressummen stehen heute **120 Jahre** bei Barta, lediglich **110 Jahre** bei Hornung gegenüber.

Die Ironie der Geschichte will es, daß gerade die Pyramiden Breschen in die klassische Chronologie schlugen. Seit geraumer Zeit ist der neu zusammengestückelte Turiner Königspapyrus - er stammt aus dem Neuen Reich, ist also vermeintliche 1.000 Jahre jünger als die Pyramiden - der Garant für die Regierungszeiten innerhalb der 4. Dynastie, auch wenn bei ihm die Zahl für Chephren zerstört ist.

Diesen 'amtlichen' Zahlen widersprechen jedoch Jahresangaben auf Bausteinen der einzelnen Pyramiden, die vom soundsovielten Regierungsjahr eines Pharaos sprechen. Jenen spät aufgefundenen Graffiti zufolge müßte Snofru 45 bis 48 Jahre, Cheops 30 bis 32 Jahre regiert haben. Deshalb sind in den letzten Jahren neue, längere Regierungszeiten für die wichtigsten Pharaonen der 4. Dynastie vorgeschlagen worden. Sie waren willkommen, weil sich erst mit diesen Verlängerungen die bislang angenommenen stündlichen Bauleistungen auf ein akzeptables Maß reduzieren (untere Tabellenhälfte).

Pharao:	Snofru	Cheops	Djedefre	Chephren	Mykerinos
Reg.zeit (Turin):	24	23	8	(26)	18 Jahre
Stündl. Bauleistg:	43	32	8	23	5 m³
Reg.zeit (reale):	45	30-32	8	26-28	18 Jahre
Stündl. Bauleistg:	23	23	8	21	5 m³

[nach Stadelmann 1990, 260]

In unserem Baustellenszenario könnten sogar die früher angesetzten stündlichen Bauleistungen erfüllt werden, so daß von dieser Seite aus die pharaonischen Regierungszeiten nicht verlängert werden müßten. Gleichwohl bleiben die Graffiti für die Chronologen ein mehr als lästiger Stein des Anstoß. Wir werden also abwarten, ob die Ägyptologen eine erneut verlängerte 4. Dynastie akzeptieren werden. Rainer Stadelmann stellte 1990 die längeren Regierungszeiten in Rechnung, ohne die gesamte 4. Dynastie deshalb neu zu datieren, während Winfried Barta im selben Jahr nur wenig verlängerte Zeiten in seine Chronologie einbrachte [Barta 1989ff].

War schon der Versuch, die relative Chronologie innerhalb der 4. Dynastie festzulegen, in komplizierteste Überlegungen ausgeartet, so ließ sich ihre **absolute Chronologie** noch schwerer fixieren. Für das Alte Reich gab es niemals ein auch nur vermutetes Sothis-Datum, so daß eine astronomische Datierung zunächst ausschied. Gleichwohl versuchte man sie auf einem Umweg. Weil man von dem Römer Censorinus des +3. Jhs. wußte, daß +139 eine neue Sothis-Periode begonnen habe, setzten muntere Spekulationen ein. Wann wohl war diese Kalenderrechnung mit ihren 1.460-Jahres-Perioden begonnen worden? Die Forschung kam überein, daß dies im Alten Reich und nur am Beginn einer dieser Perioden geschehen sein könne, wenn der ägyptische Neujahrstag, kalendarisch 1 Thot (unser 19. Juli), mit dem astronomisch durch Sirius fixierten 19. Juli zusammenfiel.
Durch einfache Rückrechnung kam man von +139 auf die Anfangsjahre -1321, -2781, -4241, -5701, -7161. Eduard Meyer entschied sich für den 15. Juli -4241 als das "ä l t e s t e s i c h e r e D a t u m der Weltgeschichte", an dem der Sothis-Kalender eingeführt worden sei [Meyer 1904, 45]. Andere Chronologen teilten diese Zuversicht nicht und so kam es, daß der Beginn des Pharaonenreiches, die Reichseinigung unter Menes, dem ersten Pharao der 1. Dynastie, munter durch die Jahrtausende torkelte. Die nachstehende Tabelle nennt **36 Daten zwischen -6400 und -1700**.

Wer das für graue Vorzeit der Ägyptologie hält, sei etwa auf Sir Flinders Petrie verwiesen. Er setzte noch 1924 den Beginn des Alten Reiches in das Jahr -5546 ! Konsequenterweise reichte bei ihm die 4. Dynastie von -4777 bis -4493 [Petrie 1924, 54]. Meyer hingegen hat sein ältestes sicheres Datum im Jahre 1952 erneut fixiert, ein Nachdruck bringt es noch 1985 [Meyer 1952, I 370]. Im Jahre 1936 nannte Egon Friedell
  "die Zahlen von Eduard Meyer, James Henry Breasted und Georg Steindorff, drei Kapazitäten, die heute ziemlich allgemein das meiste Ansehen genießen" [Friedell 129].

Die Geburt Ägyptens

Das Hauptereignis am Beginn ägyptischer Geschichte, der Beginn der ersten Dynastie, der Beginn des Alten Reiches, die Vereinigung von Ober- und Unterägypten, die Thronbesteigung des ersten Pharaos Menes konnten nur mit großen Mühen in einer absoluten Chronologie verankert werden. Wir zeigen in einer Tabelle, wie stark die Ansätze für dieses markante Datum in den letzten 150 Jahren geschwankt haben, wieviele Jahrtausende hier zur Disposition der Ägyptologen standen.

-6400	Henne (1845)		
-5867	Champollion-Figeac	-3360	Sethe (1905)
-5773	Lesueur	-3315	Meyer (1904)
-5702	Böckh (1845)	-3315	Breasted (1906)
-5613	Unger (1867)	-3200	Steindorff (1900)
-5546	Petrie (1911)	-3114	Hayes
vor -5000	Maspero (1910)	-3059	Bunsen (alternativ)
-5004	Mariette/Lenormant	-3000	Erman (1904)
-4455	Brugsch (1877)	-3000	Newberry/Garstang (1904)
-4455	Budge (1902)	-3000	heute gebräuchlicher
-4186	Borchardt (1917)		Circa-Wert
-4157	Lauth (1865)	-2785	Gumpach
vor -4000	v. Bissing (1904)	-2781	Seyffarth (1850)
-4000	Chabas	-2717	Poole
-3893	Lieblein (1863)	-2700	G. Rawlinson
-3892	Lepsius (1857)	-2691	Wilkinson
-3623	Bunsen (1845)	-2320	Wilkinson (alternativ)
-3500	Hall	-2224	Palmer
-3400	Breasted	-1700	Sharpe

[Quelle insbes. Borchardt 1917, 48f].

Damals war das Alte Reich trotz Petrie bereits auf verjüngendem Rückzug: Breasted nannte für die Thronbesteigung des ersten Pharaos das Jahr -3400, Meyer kam von seiner Datierung der Kalendereinführung her auf -3315, Steindorff schließlich errechnete -3200. Seitdem geht die Reduktion mählich weiter. In Chronologien der letzten 22 Jahre erfolgt Menes' Regierungsantritt zum Beispiel ca. -3100 [Rice 324] oder -3051 [Barta] oder -2955 [v. Beckerath 12] oder -2950 [Hornung 159] oder -2920 [Baines/Málek 36] oder -2850 [Otto 256].

Behobene Schwachstellen

So entspricht es also keineswegs gesicherten ägyptischen Quellen, sondern allein ägyptologischem Scharfsinn, wenn die 4. Dynastie derzeit in die Zeit von -2641 bis -2521 rangiert wird [Barta]. Jede Neuinterpretation alter Quellen, jeder neue Fund kann diese Chronologie, ob absolut oder relativ, über den Haufen werfen. Wir selbst sind bemüht, von der Technologieevolution ausgehend [Heinsohn/Illig] eine neue Pharaonenliste vorzulegen, die dann wesentlich weniger Jahrhunderte als die bisherigen umfassen wird.

Damit gewinnt Herodot wieder an Bedeutung, kann er doch tatsächlich in Ägypten manches über die Pyramiden erfahren haben, das noch nicht Legende, sondern Überlieferung war. Studien über "oral history" haben gezeigt, daß mündliche Angaben der noch Lebenden für die ca. 80 letzten Jahre einigermaßen zuverlässig sind, für den zeitlichen Abstand von 80 bis 150 Jahren zunehmend vager werden, um sich dann rasch ins Sagenhafte zu verlieren.
So könnte sich im Falle des Schiffbaus die Verwunderung heutiger Schiffsspezialisten legen,
"daß die Technik aus dem 19. Jahrhundert des Mittleren Reiches 'identisch mit jener ist, die Herodot im fünften Jahrhundert v. Chr. beobachtete'" [Casson; bei Heinsohn/Illig 366].
Nachdem Heinsohn und Illig auch die hier angesprochene 12. Dynastie in dieselben Jahrhunderte (-7./6.) verweisen wie die 4. Dynastie [Heinsohn/Illig 373], ist aus dieser Sicht klar, daß der Herodot des -5. Jh. kein "Vater der Lüge" war.

Heinsohn und Illig haben eine neue, 'zeitraffende' Chronologie entworfen, die sich von dem Verhängnis der teils manethonisch, teils 'astronomisch' gewonnenen Absolutdaten des Nillands abnabelt. Damit fallen aber auch die Absolutdatierungen der übrigen Länder und Reiche der Alten Welt. Denn gerade weil Ägypten astronomisch und damit absolut datiert erschien, sind selbst Stonehenge und die Indus-Kultur von Harappa über Ägypten datiert worden. Je mehr sich die ägyptologische Chronologie als Luftbau erweist, desto gründlicher muß die gesamte Chronologie von alten Absolutdaten befreit werden; nur relative Verknüpfungen bleiben erhalten.

In der neu rekonstruierten Chronologie, die alle Hochkulturen in Ägypten, Mesopotamien, Europa und Indien erst ab ca. -1000 führt, lassen sich jene chronologischen Verwunderungen gut unterbringen, denen wir im Laufe dieser Untersuchung begegnet sind.

So wie sich Herodots *Bremssteintechnik* nun in der richtigen Zeit findet, so ist es nicht mehr verwunderlich, daß die *Schiffsevolution* das Mittlere Reich gewissermaßen übersprungen hat, um dann zwischen -1100 und -300 überhaupt keine Zeugnisse mehr zu hinterlassen. Derartige Lücken und scheinbaren Neuanfänge bei doch immer gegebener Kontinuität des Schiffbaus am Nil erweisen sich als Scheinwidersprüche innerhalb eines falschen Systems.

Ein Scheinproblem liegt auch bei der 'Beobachtung' vor, daß wir erst 1.000 Jahre nach den Großbaustellen aus Ägypten selbst *Kunde von den Pyramiden* erhalten, wie wir auch keine Graffiti von Besuchern vor dem Neuen Reich kennen. Verständlich wird in einem verjüngten Ägypten auch die bislang seltsame *Evolution des Rades* oder die des *echten Gewölbes* oder der um Jahrtausende antizipierte *Pythagoras*. Zulässig wird jetzt der Vergleich ägyptischer Methoden mit *assyrischen Hebelbäumen*, die in der neuerarbeiteten Chronologie nur noch rund 100 Jahre jünger sind als jene am Nil [vgl. Heinsohn 1992], und mit mediterranen *Steingeleisen* des -1. Jtsds. Schließlich löst sich, aber das war schon Voraussetzung unserer chronologischen Überlegungen, das Rätsel der Granitbearbeitung mittels Kupferwerkzeug endgültig durch den Einsatz *eisenzeitlichen Geräts* auf. Die zeitgleiche Verwendung verschiedener *Meißelformen,* die D. Arnold anstelle der zeitlichen Hintereinanderreihung ihrer Schlagspuren angeregt hat, kann erst in der neuen Chronologie zum Tragen kommen.

Es will aber betont sein, daß unser Vorschlag für einen drastisch erleichterten und vereinfachten Pyramidenbau keineswegs abhängig ist von einer zeitlichen Lokalisation der Pyramiden im -6. Jh., von einem Eisen- oder Stahleinsatz in Giza. Die Löhnerschen Seilrollen arbeiten sehr gut auch ohne Stahllager, die Verleger und Glätter kommen ohne eiserne Hebel und Eisenfeilen aus, die Schiffer ohne Eisen in der Takelage und die Steinmetze in Giza und Tura ohne Eisenmeißel. Die Steinmetze hätten sich allerdings schon im Kalkstein sehr viel leichter mit Eisen getan. Und wie die riesigen Granitriegel ohne Eisen und Stahl aus den Felsen von Assuan herausgelöst und mit Hieroglyphen geschmückt worden sind, wird trotz Dolerithämmer das Problem jener Ägyptologen bleiben, denen die Erhaltung ihrer Chronologie wichtiger ist als rationale Erklärungen der Baumethoden.

Zwiebelschalen - leere Gräber

Im Grunde ist es unzulässig, Bauzeit und individuelle Regierungszeit gleichzusetzen. Begann der Pharao gemäß weitgehender Übereinkunft gleich nach seiner Inthronisation mit dem Bau seines Grabmals, so stand er vor einem heiklen Planungsproblem. Zum einen sollte sein Bau möglichst prächtig werden, zum anderen aber mußte er bei seinem Tod beendet sein, um seinem Leib zuverlässigen Schutz zu bieten. Wie entscheidet er sich, nachdem er trotz Auguren und Traumdeuter sein zukünftiges Lebensalter nur mutmaßen kann? Wieso wurden gerade die beiden großen Gizapyramiden fertig, während die vergleichsweise 'winzige' Mykerinospyramide unvollendet blieb?

Wegen solcher Gedanken hat schon Richard Lepsius seine "Zwiebelschalentheorie" entwickelt. Er konstatierte bei der Stufenpyramide von Saqqara und der eingestürzten Pyramide von Meidum Erweiterungen und Überbauungen und zog folgenden Schluß. Ein kleiner Pyramidenkern, der schon bald für den Fall eines jähen Todes bereitstand, wurde allmählich durch mehrere Ummantelungen immer weiter vergrößert und erhöht; der langlebigste Pharao wurde demnach in der größten Pyramide bestattet. Dieser Gedanke hatte für einige Forschergenerationen etwas Plausibles an sich. Noch ein halbes Jahrhundert später schrieb der Architekt Choisy:

"Die Pyramiden wuchsen gleich riesigen Kristallen durch Schichten, die einander umhüllten" [Riedl o.J., 57].

Wäre es wenigstens im Alten Reich immer so gewesen, müßte der Bau von Pepi II. (6. Dyn.) drei bis vier mal größer geworden sein als der des Cheops, regierte er doch laut heutigen Regentenlisten 94 Jahre, die uns Africanus tradiert und der Turiner Papyrus mit einer Zahl ≥ 90 bestätigt. Doch Pepi II. hielt sich nicht an diese 'Abmachung' und beschränkte sich auf 4,2 % von Cheops' Bauvolumen.

Diese ständigen Erweiterungen hätten nicht zuletzt verlangt, daß über jede Bauphase eine neue Außenverkleidung gelegt worden wäre. Diese speziellen "Schalen" ließen sich jedoch genausowenig nachweisen wie etwas anderes. Beim Tod des Pharaos hätte in 70 Tagen - binnen dieser Frist wurde zumindest in späterer Zeit die Mumie präpariert - die letzte, unfertige Schale wieder abgerissen werden müssen, auf daß der Bau in sich komplett wäre. Da laut Lepsius auch keine Pyramidenrudimente großer Projekte existieren dürfen, was die Realität mehr als einmal widerlegt, ist seine Theorie zu Recht aus der Mode gekommen. Doch seitdem schwelt die Frage: Wieso hat Snofru drei Pyramiden fertiggestellt, als ob er drei Leiber besessen hätte, wieso wußte Cheops, daß er den Bauabschluß der größten und perfektesten aller Pyramiden erleben würde, wieso ahnte Mykerinos, daß er auch eine um 90 % kleinere Pyramide als die seines Großvaters nicht abschließen können würde?

Mendelssohn versuchte eine andere Antwort mit seiner These, die Pharaonen hätten einfach Pyramide um Pyramide gebaut, um ihr Volk vom Müßiggang weg- und zur Nation hinzubringen. Seine These hat jedoch mangels Arbeiterheere jede Grundlage verloren.

Aus unserer Sicht waren die Pyramiden gar keine Grablegen (weshalb wir die Begriffe 'Cheops-Sarkophag' und 'Königskammer' immer in Anführungszeichen setzen). Dieser Gedanke ist nicht neu, sondern schon von Diodor geäußert worden [vgl. Heinsohn/Illig 117]. Und der Zweifel ließ sich niemals ganz beschwichtigen. So hieß es beispielsweise 1919:

"Trotzdem muß man vorerst immer noch an der Annahme festhalten, daß auch die große Pyramide des Cheops eine Begräbnisstätte des ägyptischen Königs war" [Neuburger 348].

Denn was spricht überhaupt für Grablegen? Die aufgefundenen Mumien sicher nicht, denn es gibt keine; wir haben keine sicheren Hinweise auf irgendein Begräbnis in Pyramiden [Lepre passim]. Sehr wohl aber wurden versiegelte, also unerbrochene Sarkophage gefunden, die gleichwohl leer waren wie jener des Sechemchet aus der 3. Dynastie [Schüssler 107]. Korrekterweise können Pyramiden allenfalls als Grabmäler ohne Begräbnis, als große Kenotaphe bezeichnet werden. Nachdem alle Pharaonen noch ein zweites Grab - häufig in Abydos - besaßen, das nun wieder den Ägyptologen als Kenotaph gilt, wäre gleichwohl für die letzte Ruhe der Herrscher gesorgt gewesen.

Damit verliert auch die seltsame These der Geologen Tollmann jeden Halt, derzufolge die Pyramiden den Leib ihres Bauherren vor Überschwemmung und Sintflut schützen sollten [Tollmann/Tollmann 1993, 473]. Zum einen ist ungeklärt, ob diese Bauten überhaupt wasserdicht konzipiert waren, was ja am Rand der Wüste nicht gerade selbstverständlich ist. Zum anderen fehlen prägnante Beweise für Begräbnisse, und gerade im Falle des Cheops hätte das Leichenbegängnis einen unwürdigen Charakter angenommen. Nachdem der 'Sarkophag' wegen seiner Größe schon beim Bau installiert worden sein muß, hätte die Mumie ohne Schrein durch engste Gänge hinab- und hinaufgezerrt werden müssen, bis die Trauergemeinde schließlich die Leiche durch die 1,08 · 1,05 m kleine Öffnung in die 'Königskammer' bugsiert und erst hier beigesetzt hätte. Man darf sich gar nicht vorstellen, daß dieses 'Schlupfloch' durch die darüberhängenden Fallsteine vielleicht noch weiter verengt und auf mehr als 6 m verlängert worden ist.

Und drittens haben überhaupt nur die Cheopspyramide und Snofrus Pyramide in Dahschur-Nord Kammern, die nennenswert über dem Bodenniveau liegen. Im Regelfall liegen die Innenräume im Fels unter dem eigentlichen Bauwerk. Konsequenterweise müssen die Tollmanns postulieren, daß überall sonst die eigentlichen Königskammern noch gar nicht entdeckt seien [ebd 473]. Dabei ist schon der Mythos gegen die beiden Autoren. Ließen diese die Pyramiden erst 7.000 Jahre nach 'ihrer' Sintflut erbaut werden, steigen die Pyramidenspitzen gemäß den alten Ägyptern als erste aus den Wassern der Sintflut [Helck 2276], standen also schon vor der großen Flut.

Interessanterweise waren die Pyramiden für die Ägypter keineswegs sehr eng mit einem bestimmten Herrscher verknüpft. Zwar trugen die Bau-

Abb. 116: Vier äolische Kapitelle: a) Israel, -10. Jh. [Dever 113]; b) Megiddo, Israel, um -1000 [Weippert 260]; c) Cerveteri, Etrurien, -6. Jh. [Charbon-
neaux 172]; d) Enkomi, Zypern, -8. Jh. [Murray 26]

Abb. 117: Äolische Votivsäule, Larissa, Griechenland [Charbonneaux 174]

ten Namen, die den ihres Erbauers einschlossen (Baines/Málek 140 belegen ihr konträres Minderheitenvotum mit Hieroglyphen). Aber der Konnex zwischen Namen und Bauten ist lose.

So stammt unsere Zuordnung der Gizapyramiden zu den drei griechischen Namen nicht von den Ägyptern, sondern von Herodot. Hätten wir uns an Diodor gehalten, sprächen wir von den Bauten der Herrscher Armaios, Amosis und Inaros, doch diese Zuordnungen in die Zeiten der 18., 26 und 30. Dynastie wurden verworfen [Helck 2272]. Wir haben bereits dargelegt, daß die Verbindungen zu ägyptischen Namen - Chufu, Chaefre, Menkaure - keine unmittelbar zwingenden sind. Nicht ohne Grund schrieb George Rawlinson 1881 ganz vorsichtig nur von der ersten, zweiten, dritten Pyramide von Giza, ohne sie mit Pharaonennamen zu belegen [Rawlinson 193f, 197]. Dabei kannte er denselben Herodot wie wir und wußte noch gar nicht, daß die mit einem Orthographiefehler behafteten Kartuschenfunde in den 'Entlastungskammern' der großen Pyramide mit großer Wahrscheinlichkeit Fälschungen von Robert Howard Vyse und J.R. Hill aus dem Jahre 1837 sind [vgl. Illig 1986].

Damit stellt sich erneut die Frage: Wofür, wozu Pyramiden? Wir sehen folgende Möglichkeit. Ein erster Herrscher - der für uns nicht Djoser ist [Heinsohn/Illig 137-153, insb. 148] - leitete aus seinem Ruhmbedürfnis, seiner erhofften Lebenserwartung und der wirtschaftlichen Situation seiner Reichs, vor allem aber aus noch anzusprechenden psychologischen Gründen die Größe seiner Wunschpyramide ab. Kam sie zu seinen Lebzeiten weit voran, dürfte sie - ungeachtet seines Ablebens - von seinen Nachfolgern zu Ende geführt worden sein. Daran schloß sich dann der nächste Bau, dessen Volumen nach den gleichen Kriterien geplant wurde. War eine Pyramide noch nicht weit gediehen, konnte es geschehen, daß dieses Projekt fallengelassen wurde, um andernorts durch ein neues ersetzt zu werden. So würde durch die ägyptische Geschichte ein kontinuierlicher Strang oder auch Doppelstrang von Pyramidenbauten ziehen, der nur in Kriegs- oder Hungerzeiten Unterbrechungen erfuhr. Dies darf für die gesamte ägyptische Zeit gelten, weil sogenanntes Altes, Mittleres und Neues Reich sich in Wahrheit zeitlich überlappt haben [vgl. Heinsohn/Illig 368-374, insb. 373]. Wir hätten also Mendelssohn kontinuierliche Bautätigkeit, doch ohne die Absicht des Grabbaus oder der nationalen Identitätsfindung.

Abb. 118 Poseidon-Altar mit Eckvoluten, Kap Monodendri [Charbonneaux 174]
Abb. 119: Drei 'gehörnte' Altäre: a) Altar, Megiddo, -8./7. Jh. [Schlatter 44]
b) Rekonstruktion des Altars vor dem Tempel in Jerusalem [Schlatter 45]
c) "Symbolstein" des Tukulti-Ninurta I., -13. Jh. [Amiet 112]
Abb. 120: Zikkurat in Babylon ("Turm zu Babel"), -6. Jh. [Amiet 95]

194

Aber auch damit ist noch nicht die Frage nach dem Sinn all dieser Bauten beantwortet. Solange allein die Cheopspyramide betrachtet wird, ergibt sich dank ihrer vielen Räumlichkeiten auch eine bunte Vielzahl von Deutungsmöglichkeiten. Doch bei allen anderen Bauten ist diese Vielzahl drastisch reduziert. So kennen wir (s.o.) nur eine weitere Pyramide, Snofrus Rote, bei der eine Kammer auf einem höheren Niveau als dem des Felsbodens liegt [vgl. Schüssler 46-49]. Mangels Gängen, Galerien und Durchschlupfen reduzieren sich in allen anderen Bauten die Phantasien auf Null, die in einer Pyramide das gesammelte Wissen der Ägypter oder der Götter finden, die aus ihr die Zukunft der Menschheit lesen und astronomische Ausgucke selbst dort ausfindig machen, wo niemals Blick nach draußen zu gewinnen war.

Träger des Himmels

Einen neuen Ansatz haben wir durch vergleichendes Betrachten erschlossen. Es fällt auf, daß gewisse Gebilde, die wir meist mangels besserer Interpretation als Kultgegenstände bezeichnen, enge Gemeinsamkeiten aufweisen, obwohl sie sich durch Größe, Herkunft und zeitliche Einordnung stark unterscheiden [ausführlicher Illig 1992a]. Die äolischen Säulen und Kapitelle Griechenlands und der Levante, die Altäre der ostmediterranen Welt, die gestuften Zikkurats der Mesopotamier, die gestuften Pyramiden der Nubier und die spitzigen der Ägypter lassen sich immer wieder auf den Mythos des Himmelsträgers zurückführen, auf Mythen also, die bei den Griechen mit Atlas und Herakles verbunden sind, bei den Ägyptern mit der Himmelsgöttin Nut, mit Luftgott Schu und dem Djedpfeiler. Bei der Säule mit ihrem Kapitell ist dies unmittelbar einzusehen, beim Altar weisen uns seine "Hörner" auf die Eckpfeiler hin, die ihn ursprünglich umstanden haben und die zu denselben Voluten abstrahiert wurden, die auch das äolische Kapitell auszeichnen. Demnach stellt der Altar buchstäblich wie übertragen eine Kurzform der Säule dar.

In der Bibel beschriebene Hörneraltäre waren genauso gestuft wie mesopotamische Zikkurats, die das Haus Gottes oder wiederum einen Altar auf der obersten Plattform trugen. Und die Pyramiden wiederholen die Zik-

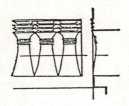
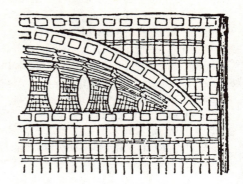

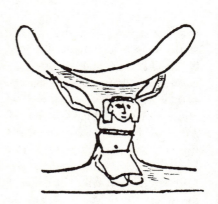

Abb. 121: Djedpfeiler als Fayence- und als Steinfries; 3. Dyn. [Badawy I 86]
Abb. 122: Luftgott Schu trennt Himmelsgöttin Nut und Erdgott Geb
[Lauer 272]
Abb. 123: Luftgott Schu als Nackenstütze Tutanchamuns, 18. Dyn.
[Zeichnung Illig]

kurats in geglätterter, geometrischer Form; ihr abstraktes Dreieck kehrt im äolischen Kapitell wieder, zentral zwischen den Voluten.

Der Altar war der Opferplatz, der Ort des Schlachtopfers, wie es Platon gleichermaßen von der Säule berichtet [Kritias 119e]. Es ist aus dieser Sicht nur konsequent, daß sich im direkt an die Pyramide anschließenden Totentempel ein zentraler Schlachthof findet. Der Totenopfersaal, das 'Allerheiligste' im Tempel, war mit einem falschen Gewölbe gedeckt [Heinsohn/Illig 64]. Gewölbe samt aufgemalten Sternen verweisen hinreichend auf den symbolisierten Himmel.

So treten Pyramide und Altar, Opfer und Himmel miteinander in engste Verbindung. Nun hat gerade das Steilaufragende der Pyramide soviele Nachfolger in aller Welt gefunden, daß der Philosoph Alain sogar die Frage stellte:

"Ist die Pyramide das geheime Modell aller Bauwerke?" [Alain 566]

Und so findet J. Kérisel, der diesem Gedanken ein ganzes Buch gewidmet hat, etwa den Mont Saint-Michel, auf der Grenze zwischen Bretagne und Normandie [Kérisel 119]. Dieses gotische Bauwerk, das heute eher am als im Meer auf seinem 78 m hohen Felsen thront, kommt mit seiner Höhe der Cheopspyramide äußerst nahe, die ihrerseits über einem Sandmeer thront [Kérisel 147]. Seine Höhenangaben schwanken zwischen 141 und 158 m, was wohl nicht allein auf den außergewöhnlichen Tidenhub von 14 m in dieser Bucht zurückgeführt werden kann.

Das Aufragende, Kühne der Pyramide würde nach Alain also in der gesamten Architektur stecken. Was bedeutete dieses Aufstreben? Die Menschen des Altertums waren von großen Katastrophenängsten durchdrungen, die bis in jüngste Zeit negiert und verdrängt worden sind, aber nicht zuletzt durch Autoren der Zeitschrift *Vorzeit-Frühzeit-Gegenwart* immer weiter aufgedeckt werden (allen voran G. Heinsohn mit zahlreichen Ausführungen zu kulturellen Phänomenen oder B. Peiser mit seinen Arbeiten über Olympia. Ihnen und Vordenkern wie Immanuel Velikovsky oder Otto Muck haben A. und E. Tollmann überhaupt keine Gerechtigkeit widerfahren lassen, als sie von ihnen die Katastrophen-Thematik übernahmen und der Geologie als erneut letzten Schrei 'aufdrängten'; Tollmann/Tollmann 1993).

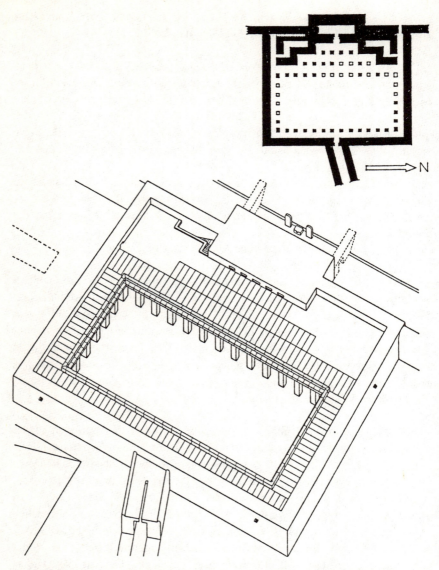

Abb. 124: Totentempel des Cheops a) Grundriß [Edwards 112] b) Isometrische Rekonstruktion [Ricke 43]

198

Diese fast pharaoni-, pardon, paranoische Angst vor himmlischen Kata-
klysmen, vor einem Sturz der Sterne und einem einstürzenden Himmel war
sehr wohl ein Grund dafür, gerade in den frühen Hochkulturen immer neue
Himmelsträger aufzurichten. Darauf weist schon unser Wort "Katastrophe"
hin, in dem das 'gänzliche Abwärts' (kata) direkt mit den Sternen (astral)
verknüpft wird.

Diese Reaktion auf das befürchtete Einstürzen des Himmels, auf die
bedrohlichen Götter konnte nur einen Moment befreiend wirken. Dann trat
Schuldgefühl hinzu, sich gegen ebendiese Götter erhoben zu haben; die
Menschen beurteilten ihr eigenes Verhalten, ihr 'Trotzen' gegen den
Himmel als Anmaßung. So sieht es das Alte Testament:
"Der Herr aber fuhr herab, um sich die Stadt und den Turm, den
sich die Menschen erbaut hatten, anzuschauen" [Gen 11,5].
Und weil er feststellen mußte, daß sie ihn überflüssig machten -
"nichts von dem, was sie vorhaben, wird ihnen unmöglich sein" -
hinderte er sie am Weiterbauen.

Die ägyptischen Pharaonen verstanden sich seit Cheops als Sohn des
Re. Dieser hat nach Kronprinz Kabab seine weiteren Söhne nach dem
Sonnengott benannt - Djedef·re, Cha·ef·re, Ba·ef·re - und damit eine lange
Tradition eröffnet. So wurde der Pharao zum Gottessohn, der etwas Götter-
gleiches und Gott Wohlgefälliges tut. Auffällig ist nun, daß im - allerdings
bös zerstörten - Totentempel des Cheops kein Opfertisch gefunden und ein
freistehendes Stelenheiligtum durch H. Ricke nur postuliert werden konnte
[Ricke 45]. Brauchte Cheops beim von ihm eingeführten Re-Kult weder
Stelen noch Altar? Das wäre konsequent gewesen. (Doch soll nicht ver-
schwiegen werden, daß unterm Basaltpflaster des Hofs eine Entwässerungs-
rinne läuft, deretwegen in der Mitte des Hofes doch ein Opferaltar gemut-
maßt wird [Stadelmann 1985, 123]).

Entsprechend diesem Gedankengang wäre Cheops ein Mann gewesen,
der in seiner Eigenschaft als Gottes Sohn die Opfer einstellen ließ, weil sie
keine Bedeutung mehr hatten. Sein Himmel verlangte weder Opferrauch
noch sonstige Besänftigung. Herodot vertauscht in seinen *Historien* gewissermaßen das Vorzeichen: Cheops habe Opfer und Feste einstellen, die

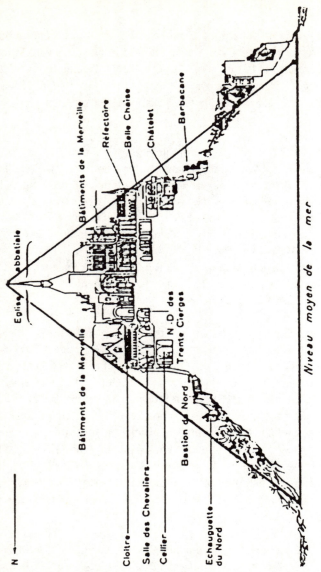

Abb. 125: Doppelschnitt durch den Mont Saint-Michel: Linke Hälfte Nord-Süd, rechte Hälfte West-Ost [Michelin 129], ergänzt um den maßstabsgetreuen Umriß der Cheopspyramide

Tempel schließen und statt dessen seine Pyramide bauen lassen. So brachte er Unheil über Ägypten [Herodot II,124]. Diese reaktionäre Einschätzung, die das 'selbstherrliche' Turmbauen als Beleidigung der Götter empfindet, entspricht dem biblischen Bericht über den Zikkurat von Babylon.

Danach wurden in Mesopotamien trotzdem Zikkurats, in Ägypten weiterhin Pyramiden, aber gleichzeitig auch Opferstätten gebaut. Ganz allmählich verschwanden dann Pyramiden und auch die Opfer, am schnellsten und konsequentesten bei den Juden, während im katholischen Meßritus noch immer ein hochabstrahiertes Menschenopfer begangen wird [ausführlich Heinsohn 1988a].

Uns gilt die Pyramide als steingewordenes Symbol für die reale Bedrohung der Menschen vom Himmel her und für das Überwinden dieses Traumas durch unermüdliches Bauen von Himmelsstützen. Aus dem durch planetare oder planetoidale Einwirkungen **gestürzten** Himmel wurde ein **gestützter** Himmel. Weil es ein Skandalon blieb, daß der Himmel gestützt werden mußte, wurde zumindest die Stütze, also die Pyramide tabuisiert und deshalb nicht abgebildet oder literarisch behandelt. Ganz von ferne erinnert noch das Tierkreiszeichen Widder, das den ekliptischen Jahreskreis der Sternbilder eröffnet, das durch ein Opfertier bezeichnet und durch den Volutenstab ♈ symbolisiert wird, an die furchteinflößenden Himmelsvorgänge.

Allmählich kehrte das Vertrauen auch zu einem Himmel ohne Stütze und (fast) ohne Opfer zurück. Das ging so weit, daß für den Aufklärer Immanuel Kant der "bestirnte Himmel über uns", der sich ins

"Unabsehlich-Große mit Welten über Welten und Systemen von Systemen, überdem noch in grenzenlose Zeiten ihrer periodischen Bewegung, deren Anfang und Fortdauer" [Kant 253]

weitet, zum einen Fixpunkt seiner Weltsicht wurde. Bei diesem Vertrauen in den unerschütterlichen Himmel ist es lange geblieben. Erst seit wenigen Jahren treten vom Himmel drohende Gefahren - in Gestalt vagabundierender Asteroiden - [vgl. Illig 1992b, 231ff] erneut und intensiv in unser aller Bewußtsein.

Zitierte Literatur

Abitz, Friedrich (1992): "Der Bau der großen Pyramide mit einem Schrägaufzug"; in *Zeitschrift für ägyptische Sprache und Altertumskunde* Bd. 119 (2) 61

Adam, J.P. (1975): L'archéologie devant l'imposture; Paris

Alain (d.i. Emile Chartier, 1931): "Les Arts et les Dieux"; in *Leçons sur l'architecture*; Paris

Amiet, Pierre et al. (1988): Handbuch der Formen- und Stilkunde. Antike; Wiesbaden

Angerer, Karl (o.J.): "Gesetzt den Fall - wir sollten heute die Cheopspyramide bauen"; in *Oskar Riedl* (o.J., nach 1981), 214-225

(Anonym 1982): "Rolling Stones"; in *Stern*, S. 128, 7.1.1982

(Anonym 1984): "Wiener Ägyptologe löst Rätsel um tonnenschwere Steinquader. Mit Schlitten zur Pyramidenspitze"; in der *Gazette* der *Wiener Arbeiterzeitung*, 19.4.1984

(Anonym 1993): "Heiliger Klotz. Wie formten die Steinmetze der Pharaonen den harten Granit? Zwei deutsche Forscher fanden die Antwort"; in *Der Spiegel* (20) 290, 17.5.1993

Arnold, Dieter (1981): "Überlegungen zum Problem des Pyramidenbaus"; in *MDAIK* Bd. 37, 15ff

- (1984): "Pyramidenbau"; in *Lexikon der Ägyptologie* Band V; Wiesbaden
- (1991): Building in Egypt. Pharaonic Stone Masonry; Oxford

Badawy, A. (1954): A History of Egyptian Architecture. Band 1; Marvin Hall

Baines, John / Málek, Jaromír (1980): Weltatlas der alten Kulturen · Ägypten; München

Barta, Winfried (1989-91): Ägyptische Chronologie. *Vorlesung an der Ludwig-Maximilians-Universität München*

Bayer, Wolfgang K. (1987): Grundformeln der Technik; Konstanz

Beckerath, Jürgen von (1971): Abriß der Geschichte des alten Ägypten; München

Borchardt, Ludwig (1917): Die Annalen und die zeitliche Festlegung des Alten Reiches der ägyptischen Geschichte; Berlin

- (1928): Die Entstehung der Pyramide an der Baugeschichte der Pyramide bei Mejdum nachgewiesen mit einem Beitrag über Lastentransport und Bauzeit von Louis Croon; in *Beiträge Bf.* 1, 17ff
- (1932): Einiges zur dritten Bauperiode der großen Pyramide bei Gise; Berlin

Breasted, James Henry (1936): Geschichte Ägyptens; Berlin (erstmals ca. 1910)

Brugsch, Heinrich (1891): Egypt Under The Pharaohs. A History Derived Entirely From The Monuments; London

Ceram, C.W. (d.i. K. W. Marek; o.J.): Götter, Gräber und Gelehrte. Roman der Archäologie; Berlin (erstmals 1949)
- (o.J.): Götter, Gräber und Gelehrte im Bild; Berlin (erstmals 1957)
Charbonneaux, Jean et al. (1977): Das archaische Griechenland; München
Choisy, Auguste (1977): L'art de bâtir chez les Égyptiens; Bologna (Nachdruck der Ausgabe von 1904, Paris; erstmals 1899)
Clarke, Somers / Engelbach, R. (1930): Ancient Egyptian Masonry; London
Croon, Louis (1925): Lastentransport beim Bau der Pyramiden; Hannover
- (1928) s. Borchardt 1928, S. 26-31

David, Ann Rosalie (1986): The Pyramid Builders of Ancient Egypt. A Modern Investigation of Pharaoh's Workforce; London
Davidovits, J. (1986): "Le calcaire des pierres des Grandes pyramides d'Égypte serait un béton géopolymère vieux de 4600 ans"; in *Revue des Questions scientifiques* 157 (2) 199-225
Dever, William G. (1990): Recent Archaeological Discoveries and Biblical Research;
Ditfurth, Hoimar von / Arzt, Volker (1982): Querschnitte: Reportagen aus der Naturwissenschaft; München
Drößler, Rudolf (1990): Astronomie in Stein. Archäologen und Astronomen enträtseln alte Bauwerke und Kultstätten; Leipzig
Dubbel = Sass, F. / Bouché, Ch./ Leitner, A. (1974[13]): Dubbel. Taschenbuch für den Maschinenbau; Berlin

Edgar, John and Morton (1923): The Great Pyramid · Passages and Chambers in three volumes in which is shown how The Great Pyramid of Gizeh symbolically and by measurement corroborated the Philosophy and Prophetic times and seasons of the divine plan of the Ages as contained in The Holy scriptures. Vol I in two Parts; Glasgow
Edwards, I.E.S. (1987): The Pyramids of Egypt; Harmondsworth

Fix, William R. (1988[4]): Pyramid Odyssey; Urbanna
Friedell, Egon (1963): Kulturgeschichte Ägyptens und des alten Orients; München (erstmals 1936)

Garland, H. / Bannister, C.O. (1927): Ancient Egyptian Metallurgy; London

Goedicke, Hans (1971): Re-used Blocks from the Pyramid of Amenenhat I at Lisht; New York

Göres, Hans Hermann (1972): Mauern leicht gemacht; Köln - Braunsfeld

Gossart, Jacques (1989): "Le grand retour de Chéops"; in *Kadath* (70) 3

Goyon, Georges (1987): Die Cheopspyramide · Geheimnis und Geschichte; Herrsching (auf franz. erstmals 1977)

Guerrier, Eric (1981): "Le principe de la pyramide égyptienne"; in *Kadath* (41) 36

Heinsohn, Gunnar (1988): Die Sumerer gab es nicht. Von den Phantom-Imperien der Lehrbücher zur wirklichen Epochenabfolge in der 'Zivilisationswiege' Mesopotamien; Frankfurt/M.

- (1988a): Was ist Antisemitismus? Der Ursprung von Monotheismus und Judenhaß. Warum Antizionismus?; Frankfurt/M.

- (1992): Perserherrscher gleich Assyrerkönige? Assyrien ist auch in seiner persischen Blütezeit nicht ohne Schrift und Städte; Gräfelfing

Heinsohn, G. / Illig, H. (1990): Wann lebten die Pharaonen? Archäologische und technologische Grundlagen für eine Neuschreibung der Geschichte Ägyptens und der übrigen Welt; Frankfurt/M.

Helck, Wolfgang (1959): "Pyramiden"; in *Paulys Realencyclopädie*, Sp. 2167-2282; Stuttgart

Herodot (1971): Historien; übersetzt von A. Horneffer, herausgegeben von H.W. Haussig; Stuttgart

- (1984): Neun Bücher der Geschichte; übersetzt von Heinrich Stein, überarbeitet von Wolfgang Stammler; Essen

Héry, François-Cavier / Enel, Thierry (1990): La Bible de Pierres. L'alphabet sacré de la Grande Pyramide; Paris

Hölscher, Uvo (1912): Das Grabdenkmal des Königs Chephren; Leipzig

Hornung, Erik (1988[3]): Grundzüge der ägyptischen Geschichte; Darmstadt

Hütte = Des Ingenieurs Taschenbuch, herausgegeben vom Akademischen Verein "Hütte" (1899), Berlin

Illig, Heribert (1986): "Ägyptischer Schiffsbau"; in *GRMNG-Bulletin* 5/86

- (1992a): "Zur Symbolik der äolischen Säule. Opferaltar - Zikkurat - Pyramide - Himmelsträger"; in *Vorzeit-Frühzeit-Gegenwart* IV (3) 69

- (1992b): Chronologie und Katastrophismus; Gräfelfing

- s. G. Heinsohn und F. Löhner

Isler, Martin (1976): "Ancient Egyptian Methods of Raising Weights"; in *Journal of the American Research Center in Egypt* Vol XIII, S.31

Kästner, Erhard (1976): Aufstand der Dinge; Frankfurt/M.
Kästner, Erich (1967): Kurz und bündig. Epigramme; Darmstadt
Kastner, Ruth (1993): "Cheops später Segen"; in *Hamburger Abendblatt*, 26.5.1993
Kant, Immanuel (o.J.): Kritik der praktischen Vernunft; Stuttgart (erstmals 1788)
Keating, R. (1975): Nubian Rescue; London-New York
Kempp, Barry J. (1989): Ancient Egypt. Anatomy of a Civilization; London
Kérisel, Jean (1991): La pyramide à travers les âges. Art et religions; Paris
Klemm, Rosemarie und Dietrich (1992): Steine und Steinbrüche im Alten Ägypten; Berlin
Kottmann, Albrecht (1988): Uralte Verbindungen zwischen Mittelmeer und Amerika. Gleiche Maßeinheiten beidseits des Atlantik; Stuttgart
Kozinski, Wieslaw (1968): The Great Pyramid Enigma; Warschau
Kracke, Helmut (1972): Aus eins mach zehn und zehn ist keins. Glanz und Elend der Mathematik; Reinbek

Landström, Björn (1970): Ships of the Pharaohs. 4000 Years of Egyptian Shipbuilding; London
Lanfranchi, G.B. / Parpola, S. (1990): The Correspondence of Sargon II, Part II; Helsinki
Lange, Kurt / Hirmer, Max (1961[3]): Ägypten. Architektur ·Plastik ·Malerei in drei Jahrtausenden; München
Lauer, Jean-Philippe (1980): Das Geheimnis der Pyramiden; Rastatt (auf franz. erstmals 1974)
Lepre, J.P. (1990): The Egyptian Pyramids. A Comprehensive, Illustrated Reference; Jefferson · London
Lepsius, R. (1849): Die Chronologie der Ägypter: Einleitung und erster Teil, Kritik der Quellen; Berlin
Lockyer, J. Norman (1897): The Dawn of Astronomy. A Study of the Temple-Worship and Mythology of the Ancient Egypt; New York
Löhner, F. / Illig, H. (1992): "Auf Granit beißen. Von den praktischen Möglichkeiten, Hartgestein zu bearbeiten"; in *Vorzeit-Frühzeit-Gegenwart* IV (2) 58
Lucas, A. / Harris, J.R. (1962[4]): Ancient Egyptian Materials and Industries; London

Macaulay, David (1983[3]): Wo die Pyramiden stehen; München

Mendelssohn, Kurt (1976): Das Rätsel der Pyramiden; Frankfurt/M.

Meyer, Eduard (1904): Aegyptische Chronologie; Berlin

- (1952-1958): Geschichte des Altertums. 8 Bände, Nachdruck Essen o.J. (1985)

Michalowski, Kazimierz (1971[2]): Ägypten. Kunst und Kultur; Freiburg

Michelin (1970[25]): Bretagne; Paris

Minguez, Manuel (1985): Les pyramides d'Egypte - Le secret de leur construction; Paris

Morgan, Jacques de (1926): La préhistoire orientale. Tome II. L'Egypte et L'Afrique du nord; Paris

Morlay, Jacqueline / Bergin, Marc/ James, John (1992): Eine Pyramide in Ägypten; Nürnberg

Mosshammer, Alden A. (1979): The *Chronicle* of Eusebius and Greek Chronographic Tradition; Lewisburg · London

Muck, Otto H. (1958): Cheops und die große Pyramide. Die Glanzzeit des altägyptischen Reiches; Olten-Freiburg

Murray, A.S. (1900): Excavations in Cyprus; London

Neugebauer, Otto (1980): "On the Orientation of Pyramids"; in *Centaurus* Vol. 24, pp. 1-3; nachgedruckt in O. Neugebauer (1983): Astronomy and History. Selected Essays; New York - Berlin, S. 211ff

Neuburger, Alfred (1977): Die Technik des Altertums; Leipzig (erstmals 1919)

Newton, Isaac (1988): The Chronology of Ancient Kingdoms Amended; USA (erstmals 1728, London)

Otto, Eberhard (1979[5]): Ägypten - der Weg des Pharaonenreiches; Stuttgart

Petrie, Sir Flinders (1909): The Art & Crafts of Ancient Egypt; London

- (1924[11]): A History of Egypt from the Earliest Kings to the XVth Dynasty; London

- (1938): Egyptian Architecture; London

Pitlik, Herbert (1992a): "Baustelle Cheops Pyramide (Auszug Bau- und Nutzholz - Wassertransporte"; in *Göttinger Miszellen* (127) 81

- (1992b): "Baustelle Cheops Pyramide (Auszug Rampen und Materialtransporte)"; in *Göttinger Miszellen* (129) 83

Rawlinson, George (1881): History Of Ancient Egypt. Vol. I; London

Rice, Michael (1990): Egypt's Making. The Origins of Ancient Egypt 5000-2000 BC; London

Ricke, Herbert (1950): "Bemerkungen zur ägyptischen Baukunst des alten Reichs II"; in (Hg. Herbert Ricke, 1950): *Beiträge zur ägyptischen Bauforschung und Altertumskunde*; Kairo

Riedl, Oskar M. (1981): "Das Transportproblem beim Bau der großen Pyramiden"; in *Göttinger Miszellen* (52) 67-73, (53 [1982]) 47ff

- (o.J., >1981): Die Maschinen des Herodot. Der Pyramidenbau und seine Transportprobleme. Die Lösung des Jahrtausendrätsels ohne Wunder und Zauberei; Wien

Riegl, Alois (1992³): Spätrömische Kunstindustrie; Darmstadt (erstmals 1901)

Rousseau-Liessens, A. (1970): Le dossier secret du Nil et la pierre de Palerme; Bruxelles

Sass, F. et al. siehe Dubbel

Schlatter, Theodor et al. (1989⁶): Calwer Bibellexikon; Stuttgart

Schüssler, Karlheinz (1987³): Die ägyptischen Pyramiden. Erforschung, Baugeschichte und Bedeutung; Köln

Singer, Charles / Holmyard, E.J./ Hall, A.R. (1956³): A History of Technology. Vol. I; Oxford

Stadelmann, Rainer (1985): Die ägyptischen Pyramiden. Vom Ziegelbau zum Weltwunder; Mainz

- (1990): Die großen Pyramiden von Giza; Graz

Strub-Roessler, Hermann (1952): "Vom Kraftwesen der Pyramiden"; in *Technische Rundschau* Nr. 42/43 vom 17./24.10.1952; Bern

Sülberg, Hermann (1993): "Das Millionen-Tonnen-Rätsel"; in *Geo Spezial Ägypten* Nr. 3 Juni 1993

Thews, Klaus (1990): "Steinzeit in Westfalen. Für einen Fernsehfilm über den Bau von Hünengräbern wurde ausprobiert, wie viele Menschen notwendig gewesen waren, um die Findlinge zu bewegen"; in *stern magazin* Nr. 43 vom 18.10.1990

Tollmann, Alexander und Edith (1993): Und die Sintflut gab es doch. Vom Mythos zur historischen Wahrheit; München

Tompkins, Peter (1975): Cheops. Die Geheimnisse der Großen Pyramide - Zentrum allen Wissens der alten Ägypter; Bern

Vandersleyen, Claude / Pulter, Thierry de (1989): "Pyramides de Giza. De la Géopolymérisation à la Géopoésie"; in *Göttinger Miszellen* (110) 65

Waddell, W.G. (1940): Manetho; London

Weippert, H. (1977): "Säule"; in K. Galling (Hg.): Biblisches Reallexikon; Tübingen

Würch, Dieter (1993): "Der ganz andere Megalithtransport"; in *Vorzeit-Frühzeit-Gegenwart* V (3)

Zuber, Antoine (1956): "Techniques du travail des pierres dures dans l'Ancienne Egypte"; in *Techniques et Civilisation* V (5) 161-178, (6) 196-215

Verzeichnis der Abbildungen und Schemata

211

Register

Mantis Verlag Dr. Heribert Illig
D-8032 Gräfelfing Lenbachstr. 2a

Gunnar Heinsohn: Wie alt ist das Menschengeschlecht?
Stratigraphische Chronologie von der Steinzeit zur Eisenzeit
100 Seiten 42 Abb. 1991 DIN A5-Heft 20,- DM

Gunnar Heinsohn: Perserherrscher gleich Assyrerkönige?
Assyrien ist auch in seiner persischen Glanzzeit
nicht ohne Schrift und Städte
142 Seiten 83 Abb. 1992 DIN A5-Heft 24,- DM

Heribert Illig: Chronologie und Katastrophismus
Vom ersten Menschen bis zum drohenden Asteroideneinschlag.
256 Seiten 1992 Paperback 38,- DM

Heribert Illig: Karl der Fiktive, genannt Karl der Große
Als Herrscher zu groß, als Realität zu klein
134 Seiten 24 Abb. 1992 DIN A5-Heft 20,- DM

Armin Naudiet: Paradies · Sintflut · Eiszeit
Analyse einer Weltkatastrophe
Paperback Auslieferung Sept. 1993

Vorzeit-Frühzeit-Gegenwart Interdisziplinäres Bulletin
5. Jahrgang, 1993 5 Hefte 50,- DM

Die Thematik reicht von der Rekonstruktion eines konsistenten Geschichts-
bildes in Vorzeit, Antike und Mittelalter über die Erklärung wesentlicher,
aber bislang unverstandener Zivilisationserrungenschaften weit hinein in die
Naturwissenschaften, um sich in Mythenforschung und Psychologie mit
spezifischen Phänomenen menschlichen (Unter-)Bewußtseins zu befassen.
Zwangsläufig steht der Katastrophismus im Zentrum.
Es werden aktuelle Forschungsergebnisse mitgeteilt, "Werkstatt-Berichte"
gegeben, Neuerscheinungen rezensiert, Hypothesen miteinander konfron-
tiert und heranreifende neue Thesen zur Diskussion gestellt.